大阪大学総合学術博物館叢書◆13

懐徳堂の至宝

―大阪の「美」と「学問」をたどる―

湯浅 邦弘 著

はじめに

重建懐徳堂百周年

大正五年（一九一六）、大阪市東区（現在の中央区本町橋、大阪商工会議所の地）に懐徳堂が再建された。江戸時代、大阪の学問所として百四十年の歴史を刻んだ懐徳堂は、幕末から明治維新に至る動乱で財政状況が逼迫し、閉校した。しかし、それから四十年、明治時代の終わり頃に、懐徳堂の顕彰と復興を目的とする市民運動がおこり、明治四十三年（一九一〇）、懐徳堂記念会が設立された。

そして、大正五年に記念会は学舎を再建する。これを重建《ちょうけん》懐徳堂という。まだ大阪に帝国大学のなかった時代、重建懐徳堂は大阪の市民大学として親しまれた。創立十周年にあたる大正十五年（一九二六）には、鉄筋コンクリート造りの書庫棟も完成していた。和漢の古典を読む定時講義のほか、年少者を対象とした漢文の素読《そどく》科、定期学術講演、通俗講演などが開講された。

この重建懐徳堂が開学してから、平成二十八年（二〇一六）はちょうど百年にあたる。この記念すべき年に、本書は、懐徳堂の貴重資料を図録として公開するものである。

ではどのような経緯で、大阪大学に懐徳堂資料が残されているのだろうか。それには、懐徳堂の歴史を振り返ってみる必要がある。

懐徳堂の歴史と現在

享保九年（一七二四）、現在の大阪市営地下鉄淀屋橋《よどやばし》駅付近、今橋《いまばし》の地に、懐徳堂という学問所が創設された。「五同志《ごどうし》」と呼ばれる大阪の有力町人が出資し、また学舎を提供して設立されたものである。当時は、徳川八代将軍吉宗《よしむね》の頃。学校と言えば、江戸の昌平坂学問所や有力藩の藩校などがあったものの、それらは基本的には武士の学校で、市民の学び場ではなかった。そうした時に大阪では、町人が町人のための学校を作ったのである。しかも、そこで講じられたのは、決して商売の話ではない。商業活動の基盤となる倫理道徳を、中国の古典、たとえば『論語』や『孟子』などによって学ぼうとしたのである。学校名の「懐徳」も、「君子は徳を懐《おも》う」という『論語』の言葉にちなむとされる。

懐徳堂に招かれた学者たちも、異色の存在であった。初代学主《がくしゅ》（学長）の三宅石庵《みやけせきあん》は、中国の古典を講義しながら、「義」と「利」の関係を説いた。正義に基づく行為には必ず後から利益がついてくる、と。それまで、伝統的な儒教の倫理観では、義と利とは相反するものだと考えられていた。正義を追求すればお金儲けには縁がなく、逆に、利益の追求に走れば正義を逸脱してしまう、というわけである。ところが、懐徳堂の教授たちは、そうした杓子定規なことを言わず、柔軟な道徳論を説いた。これは、大阪の町人たちを大いに励ましたと思われる。

その学則も先端的なものであった。士農工商という厳格な身分制度がある中で、懐徳堂では、武士も町人も、学生としては「同輩」だと規定したのである。誠に画期的なことであった。席次も緩やかで、受講生たちがお互いに譲り合って決めていたようである。さらに、学費も安価で、現物による納入も認められた。受講生が町人（商人）であることに配慮し、商用による早退も認められていた。だからと言って、ルーズな学校だったのではない。懐徳堂からは、その学識で江戸の儒者を驚かす中井竹山《なかいちくざん》（第四代学主）やその弟の履軒《りけん》、さらには山片蟠桃《やまがたばんとう》、草間直方《くさまなおがた》といった近代的英知が輩出している。

このように、懐徳堂は自由闊達《かったつ》な教育機関であり、また高度な研究組織でもあった。明治二年（一八六九）に一旦閉校となった懐徳堂は、明治時代後半の復興運動を経て、大正五年（一九一六）に再建される（重建懐徳堂）。これもまた、大阪の市民大学として親しまれた。

昭和二十年（一九四五）三月の大阪大空襲で講堂が焼失する。しかし、鉄筋コンクリート造りの書庫棟に収蔵されていて戦火を免れた三万六千点の貴重資料が昭和二十四年（一九四九）に一括して大阪大学に寄贈された。これを懐徳堂文庫と呼ぶ。二度の歴史の断絶を経て、懐徳堂と大阪大学とが運命的な出会いを果たしたのである。懐徳堂は、適塾とともに、大阪大学の精神的源流と位置づけられ、現在に至っている。

この図録では、懐徳堂文庫に収蔵された貴重資料の内、最重要の資料を精選し、紹介する。また、近年、精力的に進められているデジタルアーカイブ事業や資料修復の実績についても解説したい。これにより、懐徳堂の歴史と資料とが、広く国内外に知られるところとなれば幸いである。

目次

凡　例

一、以下に掲げる資料は、特に注記のない限り、大阪大学懐徳堂文庫所蔵品である。画像の掲載については、大阪大学大学院文学研究科、大阪大学附属図書館、一般財団法人懐徳堂記念会の許可を得た。
二、資料の法量（サイズ）の単位は㎝である。

第一章　懐徳堂の至宝

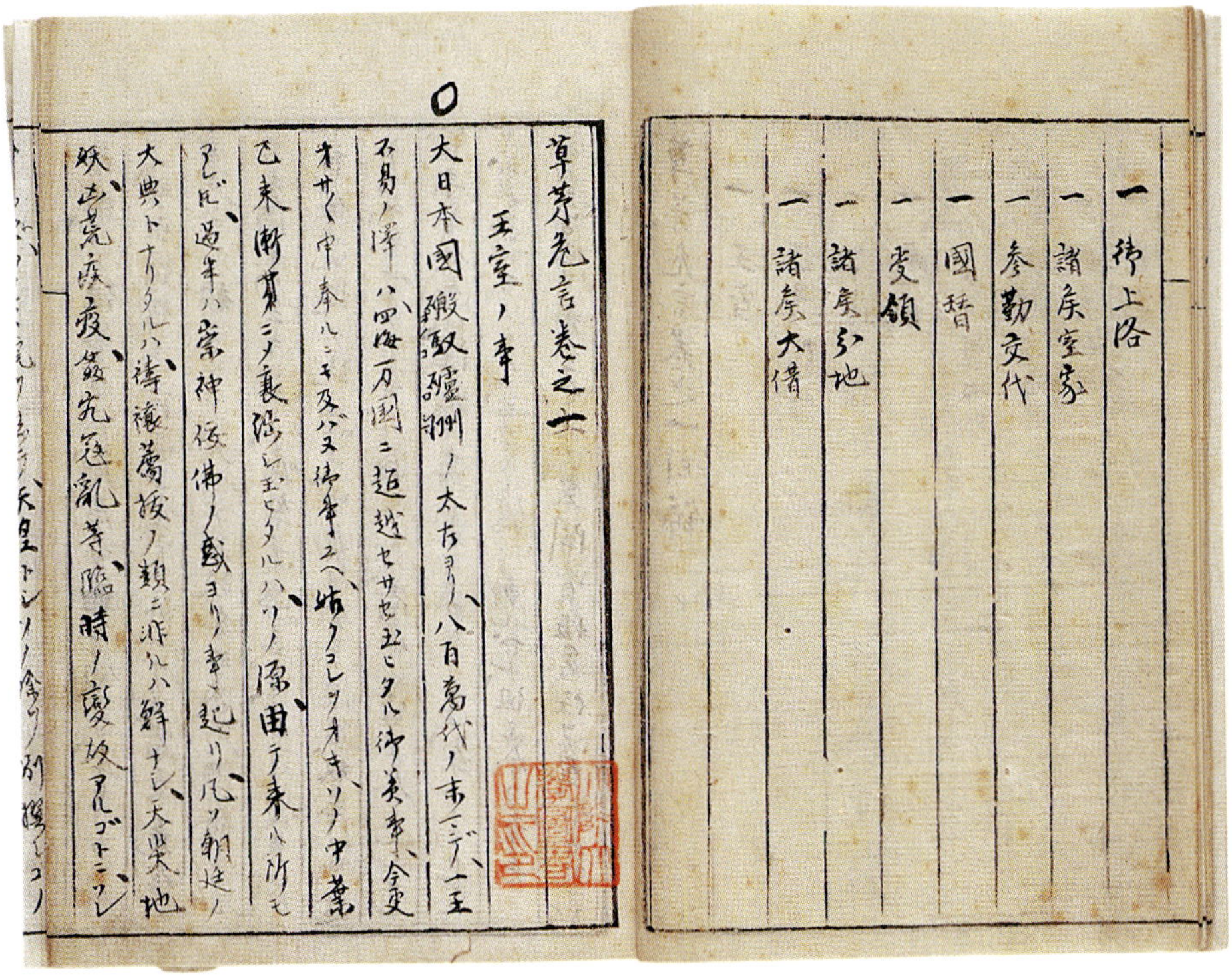

草茅危言巻之一

王室ノ事

一 御上洛

一 諸侯宗家

一 参勤交代

一 國替

一 変領

一 諸侯分地

一 諸侯大借

中井竹山『草茅危言』

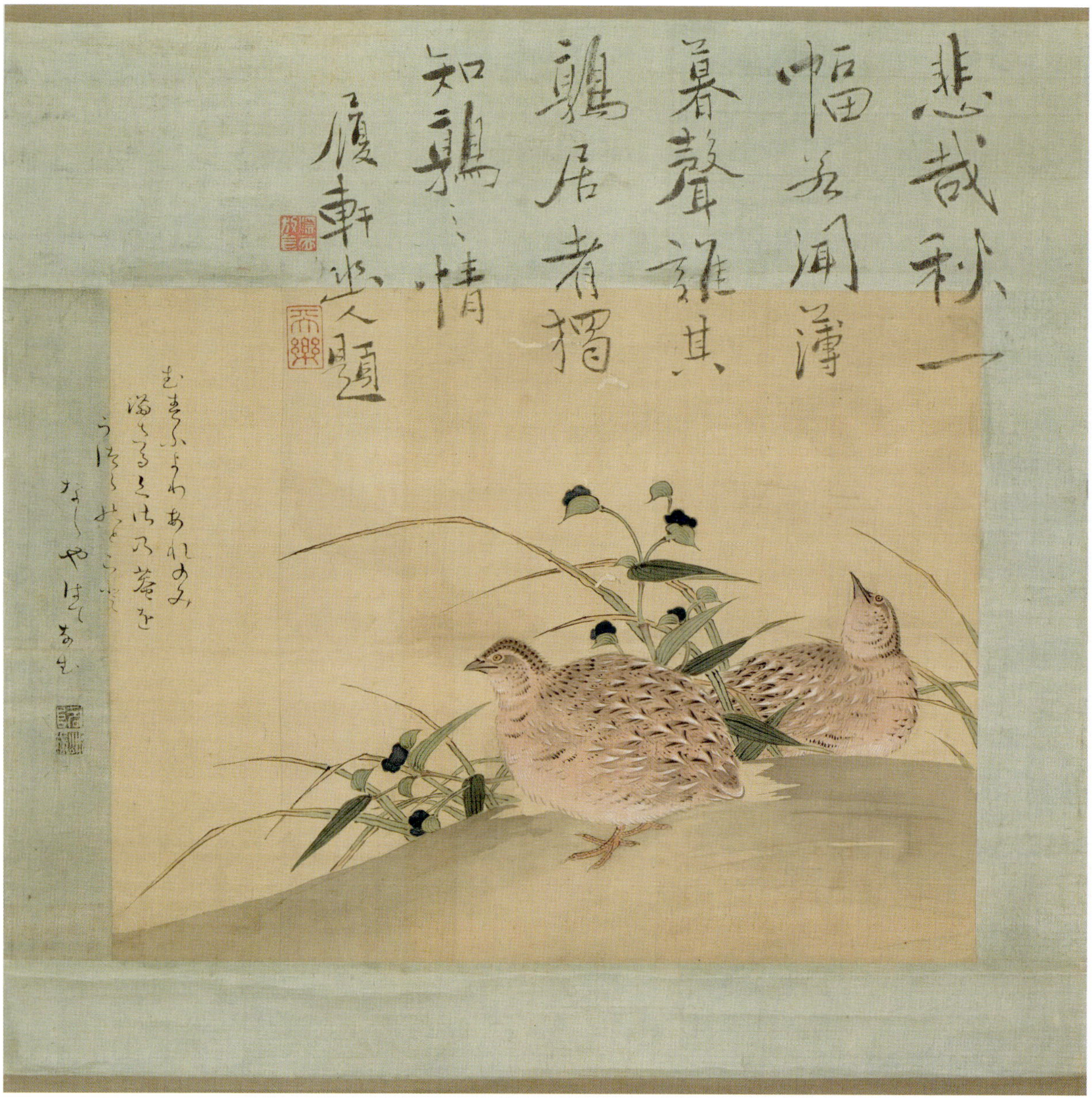

中井履軒・上田秋成合賛「鶉図」

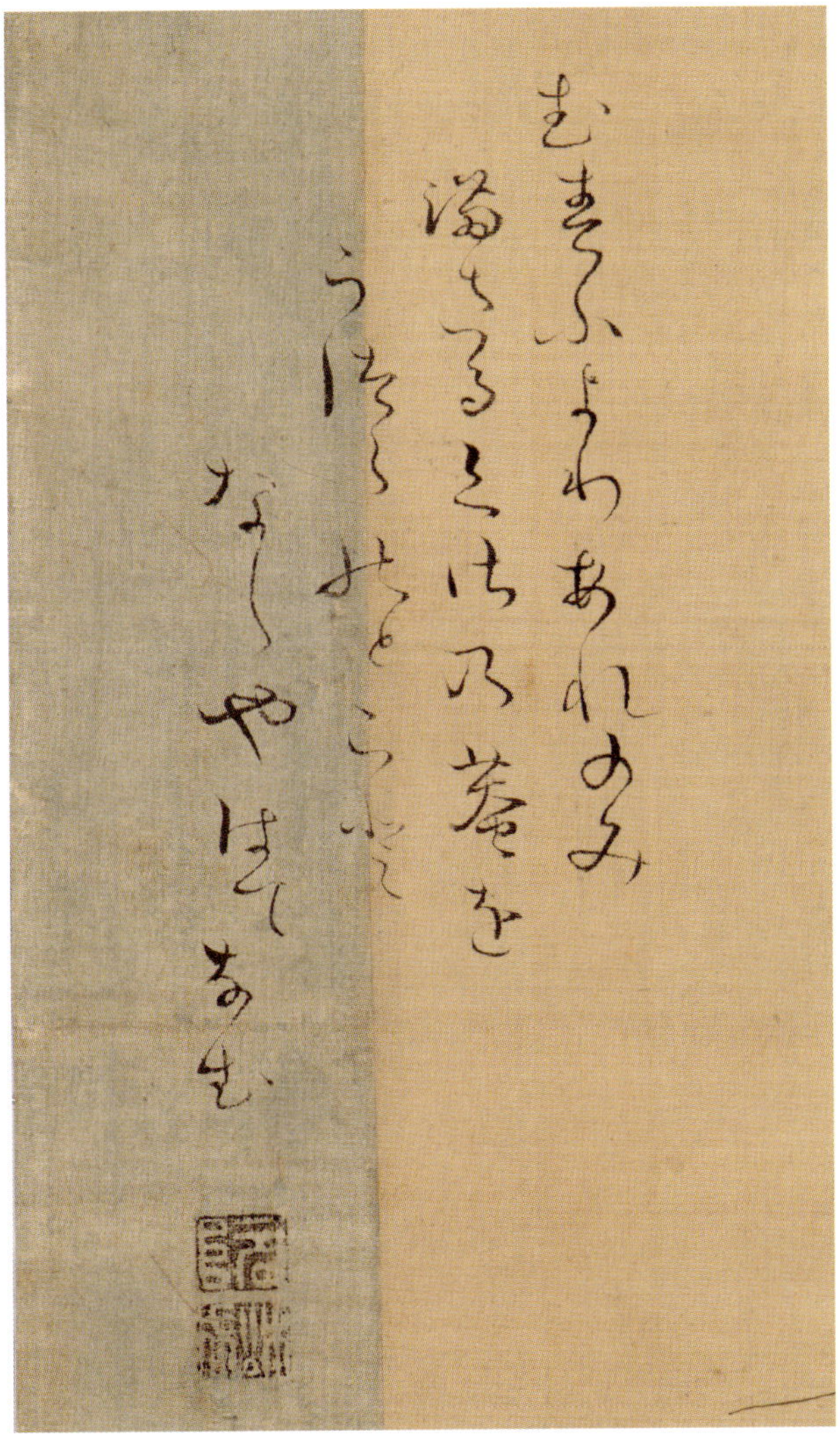

「鶉図」上田秋成賛

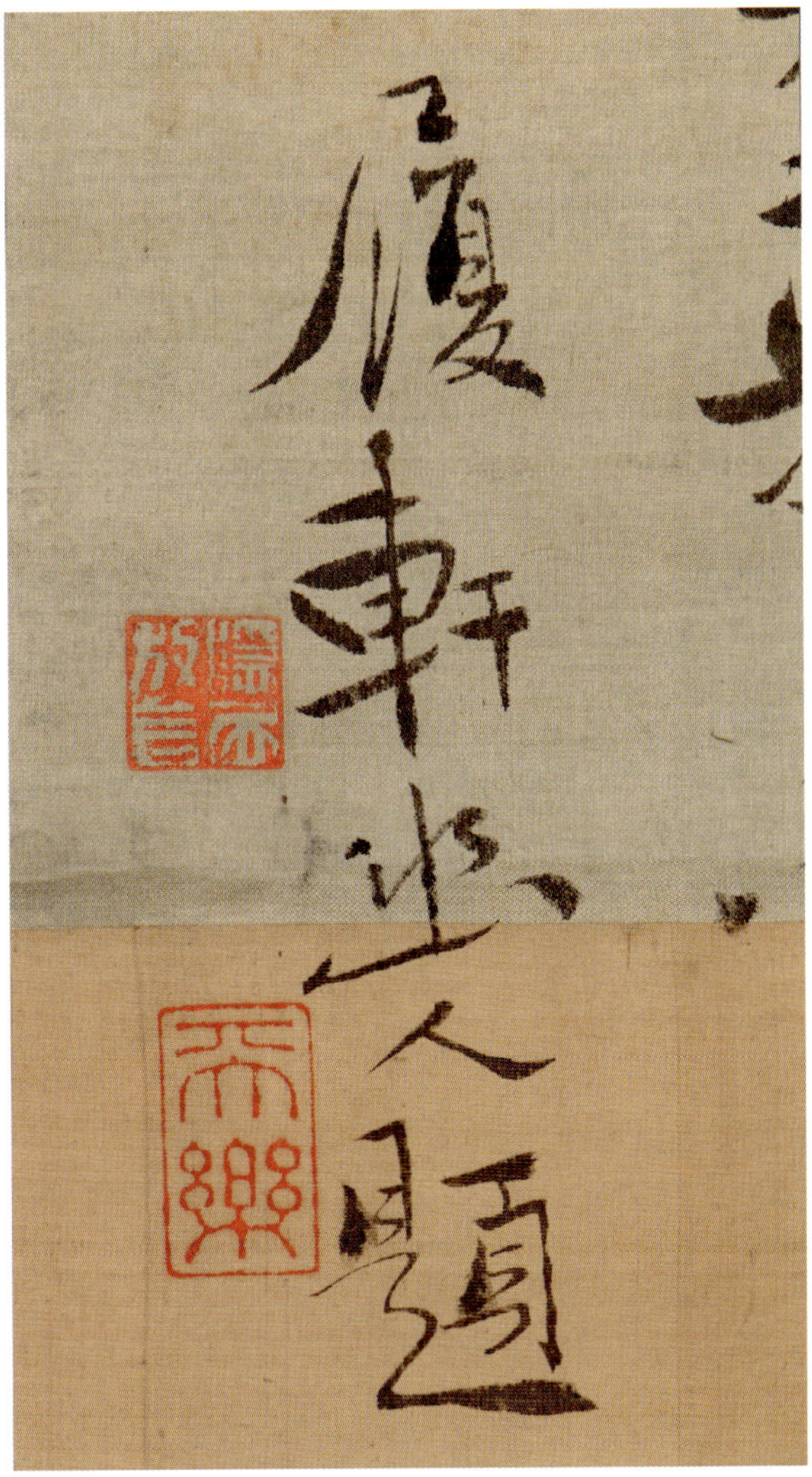

「鶉図」中井履軒落款

中井履軒《なかいりけん》・上田秋成《うえだあきなり》合賛《がつさん》「鶉図《うずらず》」

中井履軒（一七三二〜一八一七）と上田秋成（一七三四〜一八〇九）とが合賛した鶉図。一幅。履軒は、二歳上の兄・竹山（懐徳堂第四代学主）とともに懐徳堂の黄金期を築いた学者。この「鶉図」は、かつて雑誌『上方』第四五号（一九三四）に「森繁夫氏蔵」として掲載され、その後、行方が分からなくなっていた貴重資料である。平成二十二年（二〇一〇）、大阪の丸山保幸氏が所蔵していることが分かり、翌年、丸山氏のご厚意により、懐徳堂記念会に寄贈された。

この資料は、鶉二羽の絵の上部に中井履軒が漢文で題詩を記し、絵の左側に上田秋成が和歌を添えている。その画題は、鶉のように、居所が一定しないことを表し、懐徳堂の外に身を置いて転居を繰り返した履軒と、鶉翁《じゅんおう》、鶉居《うずらい》を号とした秋成との交友を示している。本紙の大きさは、縦三三・四×横四三・七。

履軒の詩は以下の通り。

悲哉秋一幅　悲しきかな秋一幅
若聞薄暮聲　薄暮の声を聞くが若《ごと》し
誰其鶉居者　誰か其れ鶉居《じゅんきょ》する者ぞ
獨知鶉之情　独《ひと》り鶉の情を知らん

また、秋成の歌は次の通り。

むすふよりあれのみ
まさるくさの庵を
うつらのとこと
なしやはてなむ

（およそ七十余年ぶりに発見されたこの資料については、飯倉洋一・濱住真有「中井履軒・上田秋成合賛鶉図について」（『懐徳堂研究』第三号、二〇一二年）に詳しい。）

谷文晁「帰馬放牛図」（放牛図）

谷文晁「帰馬放牛図」（帰馬図）

放牛図・部分

帰馬放牛図《きばほうぎゅうず》

「帰馬放牛図」二幅（各一七七×八九・九）は、江戸時代の懐徳堂に由来する大型の絵画である。作者は谷文晁《たにぶんちょう》（一七六三〜一八四〇）。文晁は江戸南画の大成者。円山応挙、狩野探幽とともに「徳川時代の三大家」と称せられる。その文晁が懐徳堂に逗留した際、中井竹山の求めに応じてふすま絵を描いた。寛政八年（一七九六）のことである。その絵は講堂のふすま絵として掲げられ、懐徳堂の教授たち、受講生たちの目に触れた。しかし、懐徳堂の閉校に際し、この絵はふすまからはがされ、中井家子孫の木菟麻呂《つぐまろ》（一八五五〜一九四三）に託された。

明治の終わり頃、懐徳堂記念会が発足し、懐徳堂の顕彰運動が始まった。明治四十四年（一九一一）、この絵は表装され、大阪府立図書館に寄託された。そして昭和八年（一九三三）、重建懐徳堂（大正五年に再建された懐徳堂）に寄贈された。しかし、保存状態が良くなかった。ふすまからはがされ、いわゆる「まくり」の状態で、この絵は保管されていたようであるが、恐らく鼠にかじられたのであろう。所々に大きな穴があいている。また、長年、講堂のふすま絵として掲示されていたため、日焼けが著しい。「帰馬放牛図」と言われても、どこに馬や牛が描かれているのかさえよく分からない状態であった。

だが、この絵を何とかよみがえらせたい。そうした関係者の情熱がようやく実を結ぶ時がきた。平成二十一年度の財団法人朝日新聞文化財団の文化財保護助成に「帰馬放牛図」の修復が採択されたのである。

「帰馬放牛」とは、もともと中国の古典『書経』の言葉である。周《しゅう》の武王が殷《いん》を討ち、ようやく戦乱が収まった。その様子を「武を偃《ふ》せて文を修め、馬を華山《かざん》の陽《みなみ》に帰し、牛を桃林《とうりん》の野に放つ」と説く（武成篇）。

とすれば、「帰馬放牛」とは、軍事に徴用された牛や馬を自然の地に帰したことを指し、戦乱の終息を讃えたものと言えよう。もちろん、文晁にとっての戦乱の終わりとは、江戸時代の到来に他ならない。したがって、この文晁の「帰馬放牛図」とは、なによりもまず、江戸幕府開闢以来の太平の世を賛美するものであった。そうした平和の上に立ってこそ、懐徳堂での教育や研究もできる、という意識なのであろう。

このように考えてくると、「帰馬放牛図」の「帰馬図」に描かれた山と「放牛図」に描かれた花について、一つの推測が可能となる。文晁が『書経』武成篇の言葉を強く意識していたとしたら、その山は「華山」（中国五岳の一つ）、花は「桃」であった可能性が高い。武成篇には、「馬を華山の陽に帰し、牛を桃林の野に放つ」とある。

懐徳堂幅《かいとくどうふく》

懐徳堂初代学主三宅石庵による「懐徳堂」書幅。縦三九・八×横八三・七。「懐徳」とは、徳を懐《おも》うという意味で、『論語』の「君子懐徳」がその出典ではないかとされる。この書幅には、懐徳堂の基本的精神を道徳の重視に求めた石庵の願いが込められている。

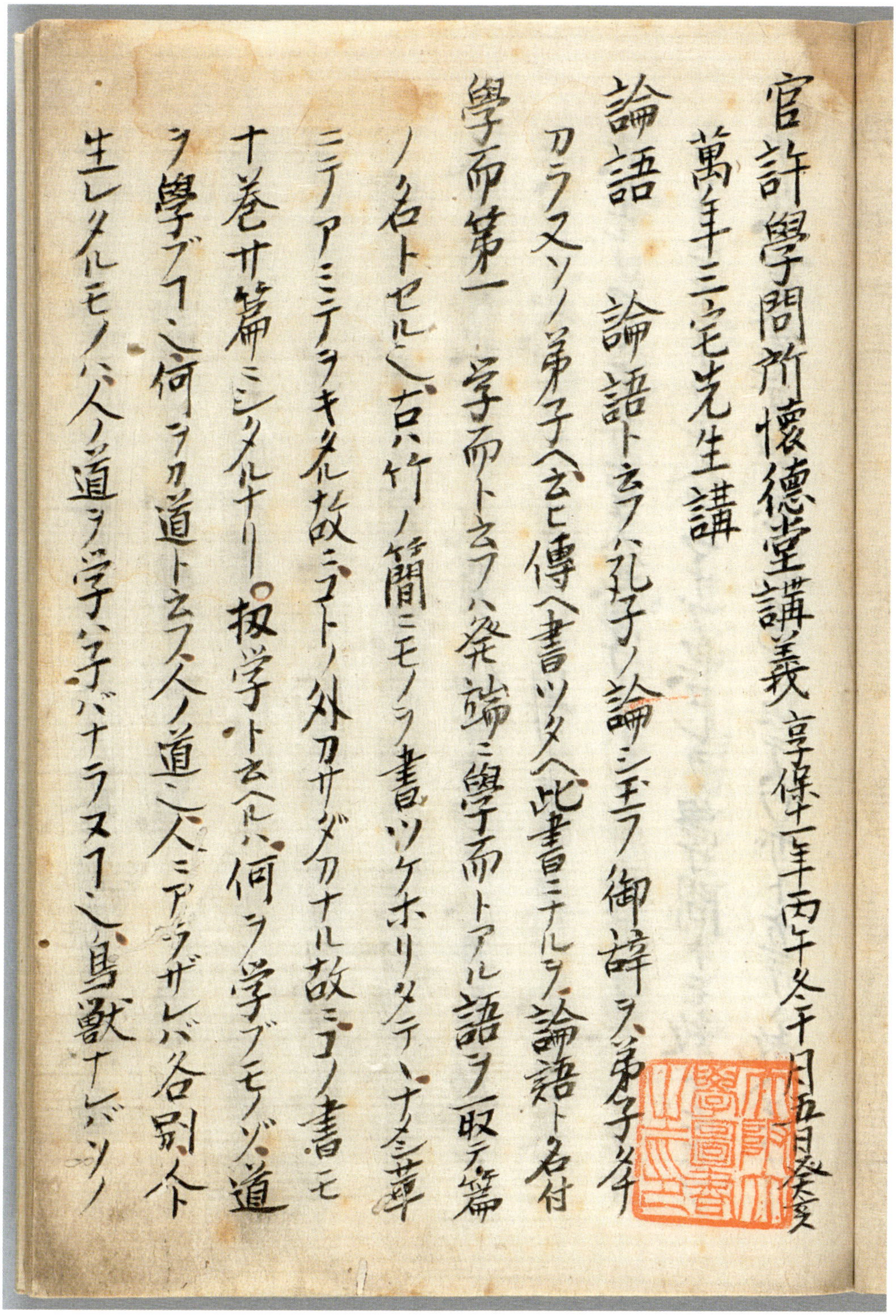
官許學問所懐徳堂講義　享保十一年丙午冬十月五日癸亥
萬年三宅先生講
論語　論語ト云フハ孔子ノ論シ玉フ御辞ヲ其弟子牟
カラ又ソノ弟子ヘ云ヒ傳ヘ書ツメヘ此書ニナルヲ論語ト名付
學而第一　学而ト云フハ発端ニ學而トアル語ヲ取テ篇
ノ名トセルヽ古ハ竹ノ簡ニモノヲ書ツケホリメテ、ナメシ革
ニテアミテヲキタル故ニコトノ外カサダカナル故ニコノ書モ
十巻廿篇ニシメルナリ○扨学ト云ヘルハ何ヲ学ブモノゾ道
ヲ學ブコヽ何ヲカ道ト云フ人ノ道ヽ人ニアラザレバ各別ノ下
生レメルモノハ人ノ道ヲ学ハネバナラヌコヽ鳥獣ナレバソノ

萬年《まんねん》先生《せんせい》論孟《ろんもう》首章《しゅしょう》講義《こうぎ》

懐徳堂初代学主三宅石庵（号は萬年）が享保十一年（一七二六）に行った講義の記録。縦二二・七×横一六・四。一冊。全十五丁。筆者は未詳。題名は、『論語』『孟子』各々の冒頭の一章について講じたことにちなむ。江戸時代の学者がどのような口調で『論語』や『孟子』を講じていたのかが分かる貴重な資料である。

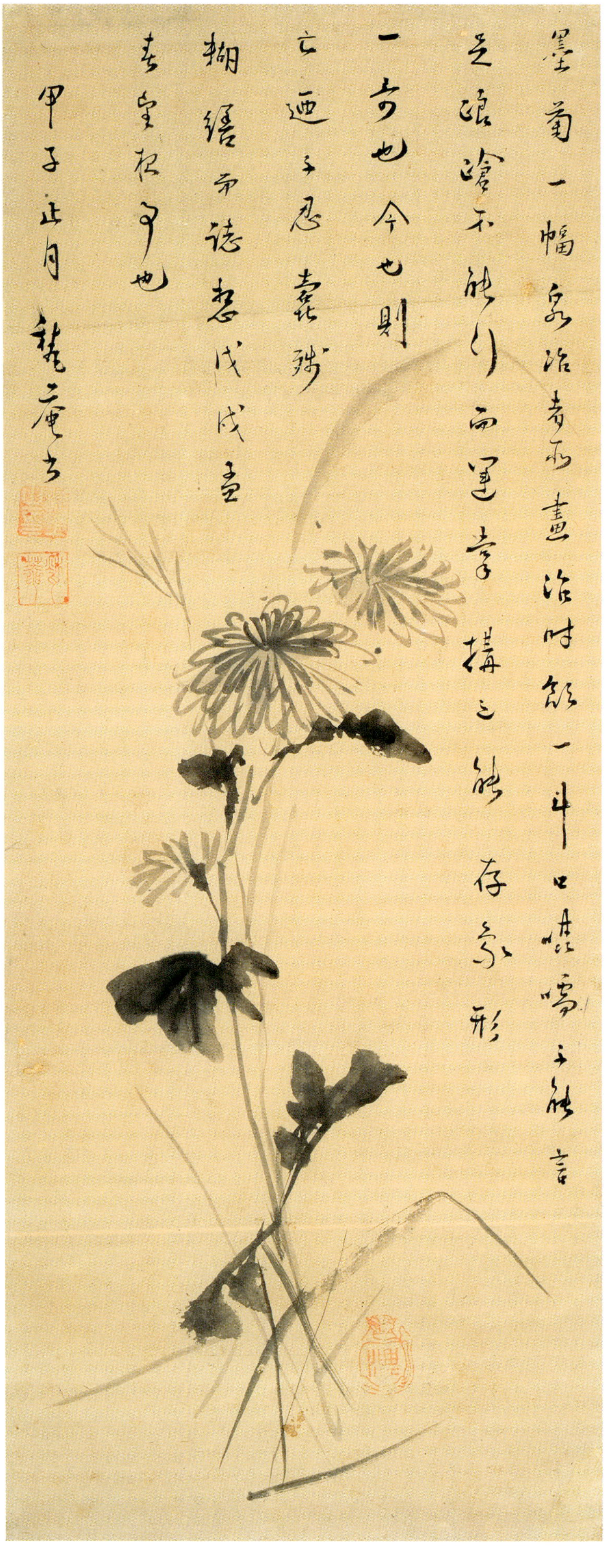

泉治筆・中井甃庵賛「墨菊図《ぼくぎくず》」

菊を描いた墨画。泉治《せんや》筆・中井甃庵《なかいしゅうあん》（懐徳堂第二代学主）賛。この画は享保三年（一七一八）初春の満月の夜、泉治という人物が、歩けない程に泥酔していたにも関わらず、見事に描き上げたもの。泉治の没後、甃庵はこの画が紙魚《しみ》に損なわれてしまうことを惜しみ、延享元年（一七四四）正月、軸に仕立てて賛文を書き入れた。泉治なる人物についての経歴はよく分からない。画面右下にある印の文字は「澳《てん》」と読め、泉治の印と思われる。ちなみに「澳」には悪酔いの意がある。

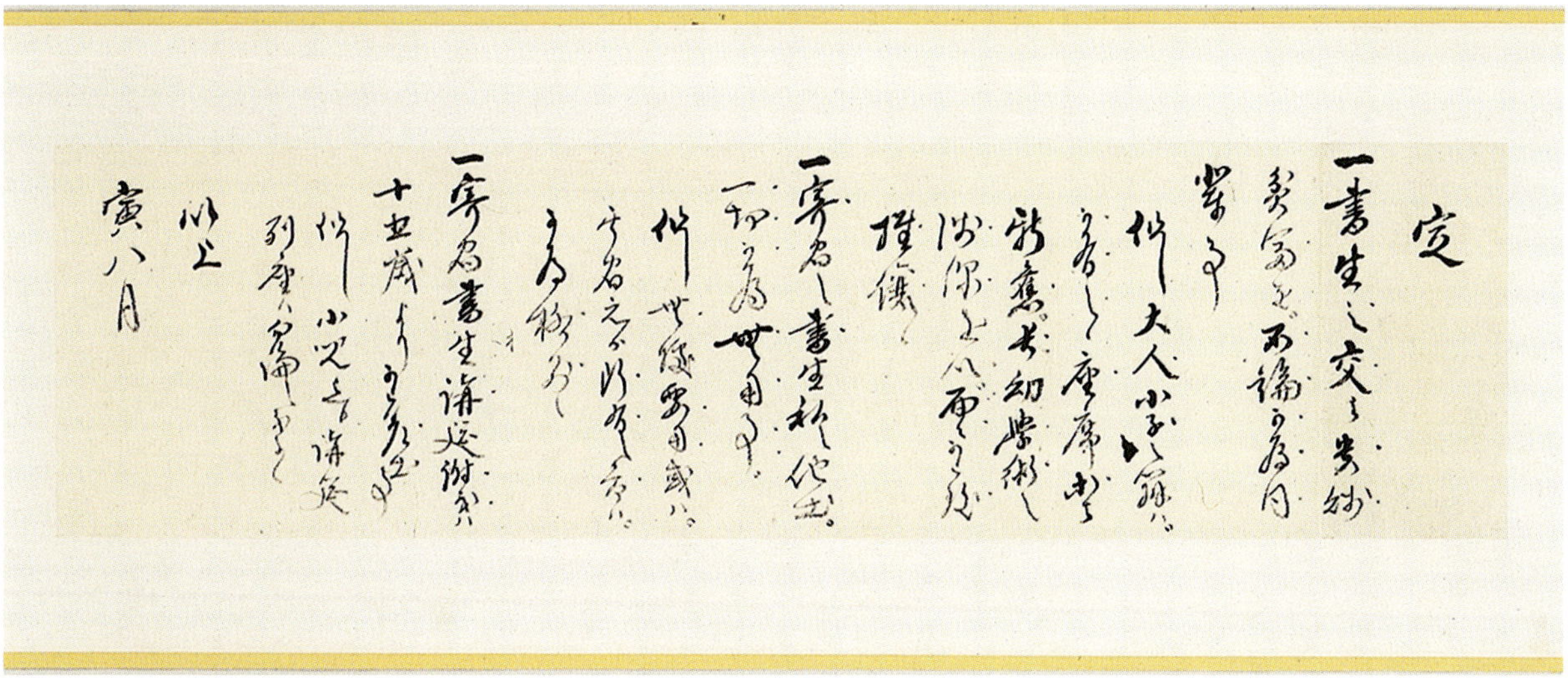

宝暦八年定《ほうれきはちねんさだめ》

懐徳堂に寄宿していた学生を対象として学寮に掲示された定書《さだめがき》。縦一四・九×横五五・五。宝暦八年（一七五八）、懐徳堂二代目学主中井《なかい》甃庵《しゅうあん》の死去に伴い、三宅《みやけ》春楼《しゅんろう》が学主に、中井《なかい》竹山《ちくざん》が預《あずか》り人《にん》（事務長）に就任した際、制定された。懐徳堂の基本精神を端的に表明するものであり、安永七年（一七七八）の定（45頁参照）とともに最も代表的な規定の一つである。全文は次の通り。

一、書生の交りは、貴賤貧富を論ぜす、同輩たるべき事
但し、大人小子の辨は、之有るべく候。座席等は、新旧長幼、学術の浅深を以て面々推譲致さるべく候。
一、寄宿の書生、私の他出一切無用為るべき事。
但し、拠る無きの要用、或は其の宿先より断り之有る節は、格別と為すべく候。
一、寄宿の書生、講筵の謝儀は、十五歳より差し出さるべき事。
但し、小児迄も講筵列座は勿論の義に候。

第一条は、懐徳堂の書生間の交わりについて、貴賤貧富を問わず同輩とすべきこととする。ただし、大人と子供の区別はあり、また、座席については、新旧（新参か古参か）、長幼、学問の進度などを指標として、互いに譲り合うこととしている。第二条は、寄宿生について、私事による外出は認めないとする。ただし、やむを得ぬ用事やその宿先（勤務先・実家など）から断りがあった場合は例外としている。第三条は、同じく寄宿生について、その謝礼は十五歳から納めることと規定する。

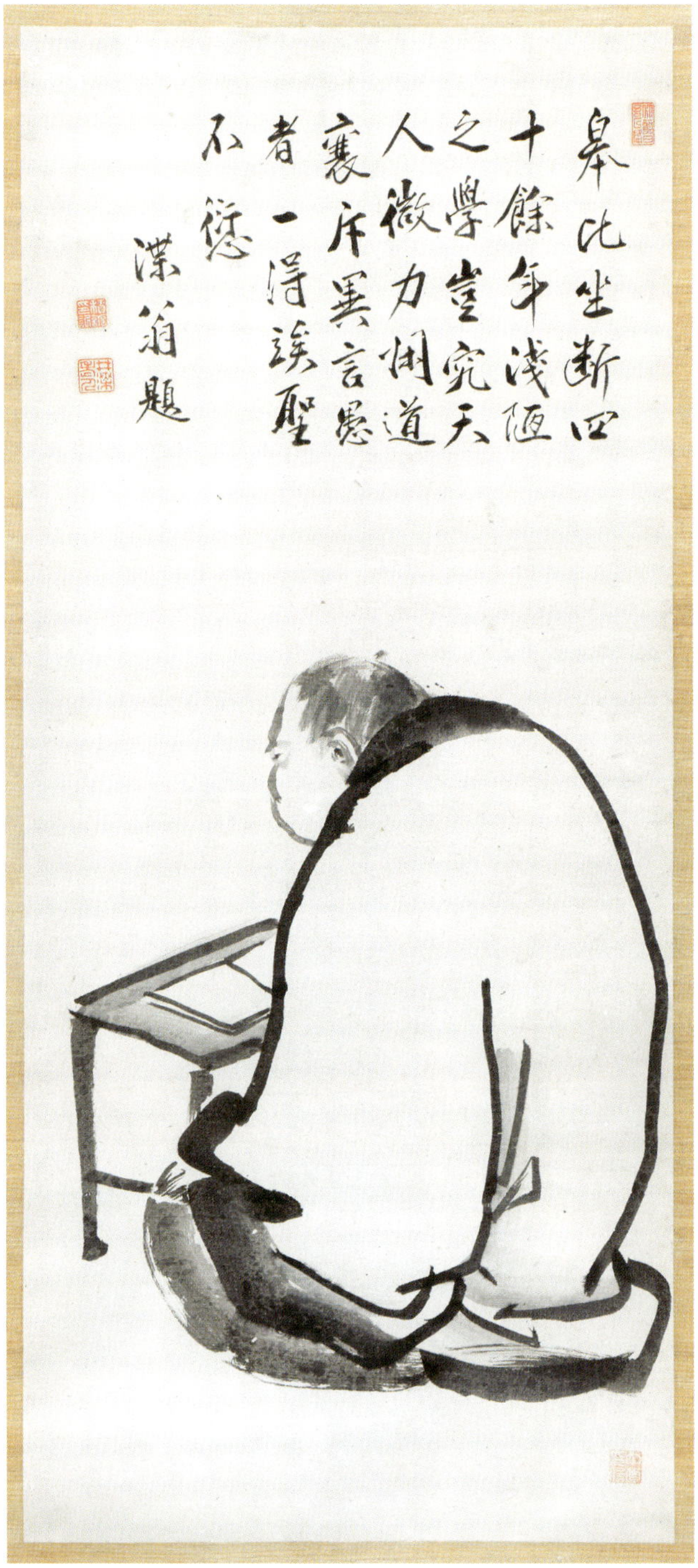

中井《なかい》竹山《ちくざん》肖像画《しょうぞうが》

懐徳堂第四代学主中井竹山の肖像画。中井藍江《らんこう》の筆による紙本墨画。縦一二九・八×横五五・九。この肖像画は竹山の詩文集『奠陰集《てんいんしゅう》』によると、寛政十年（一七九八）正月十六日の初講の日の宴席で書画の競作が催され、その席で佐倉藩侍読・渋井《しぶい》子要《しよう》（竹山の弟子）が、藍江に竹山の講義姿を描かせたものである。竹山六十九歳の晩年の姿。斜め後ろから見た珍しいアングルである。

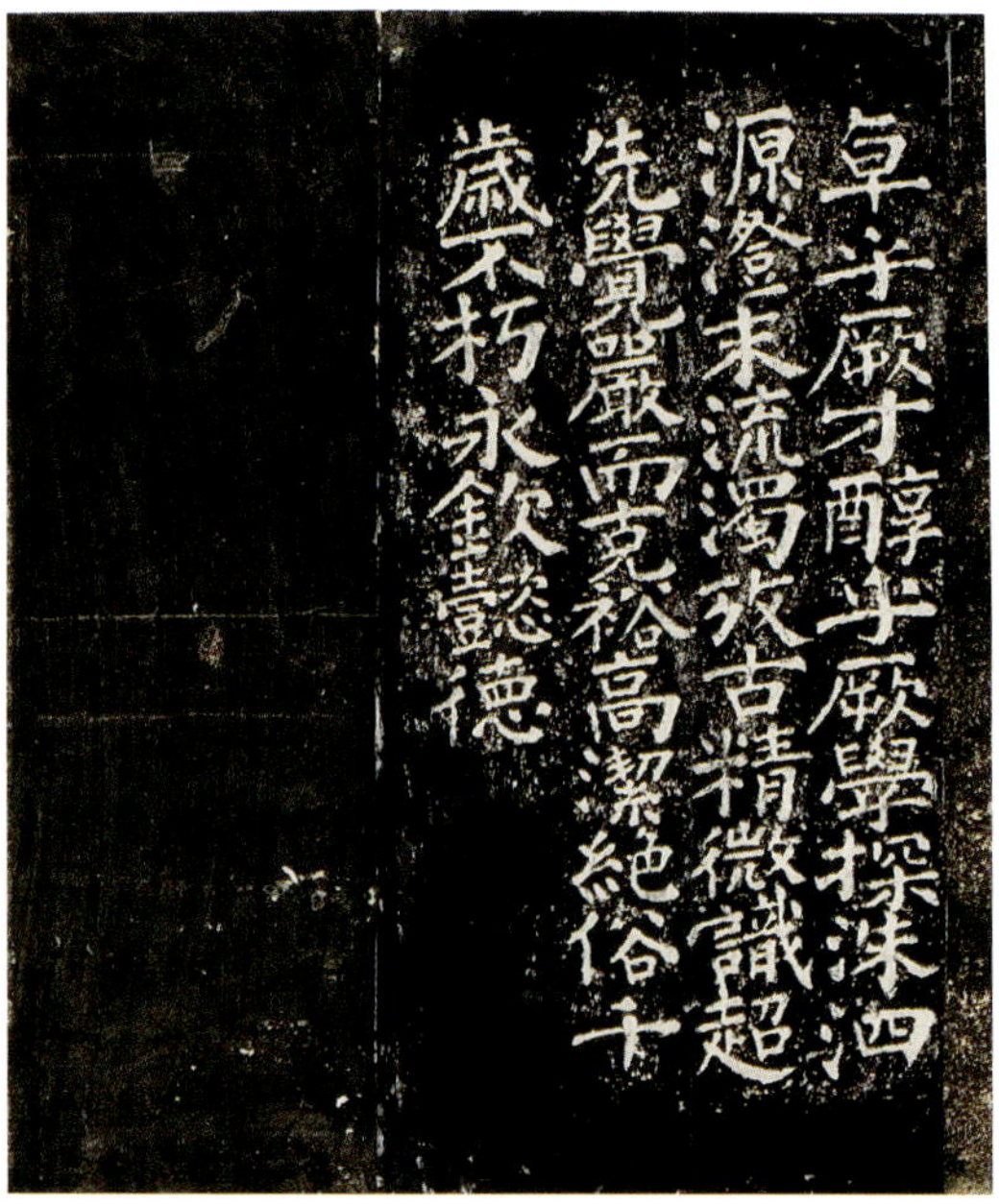

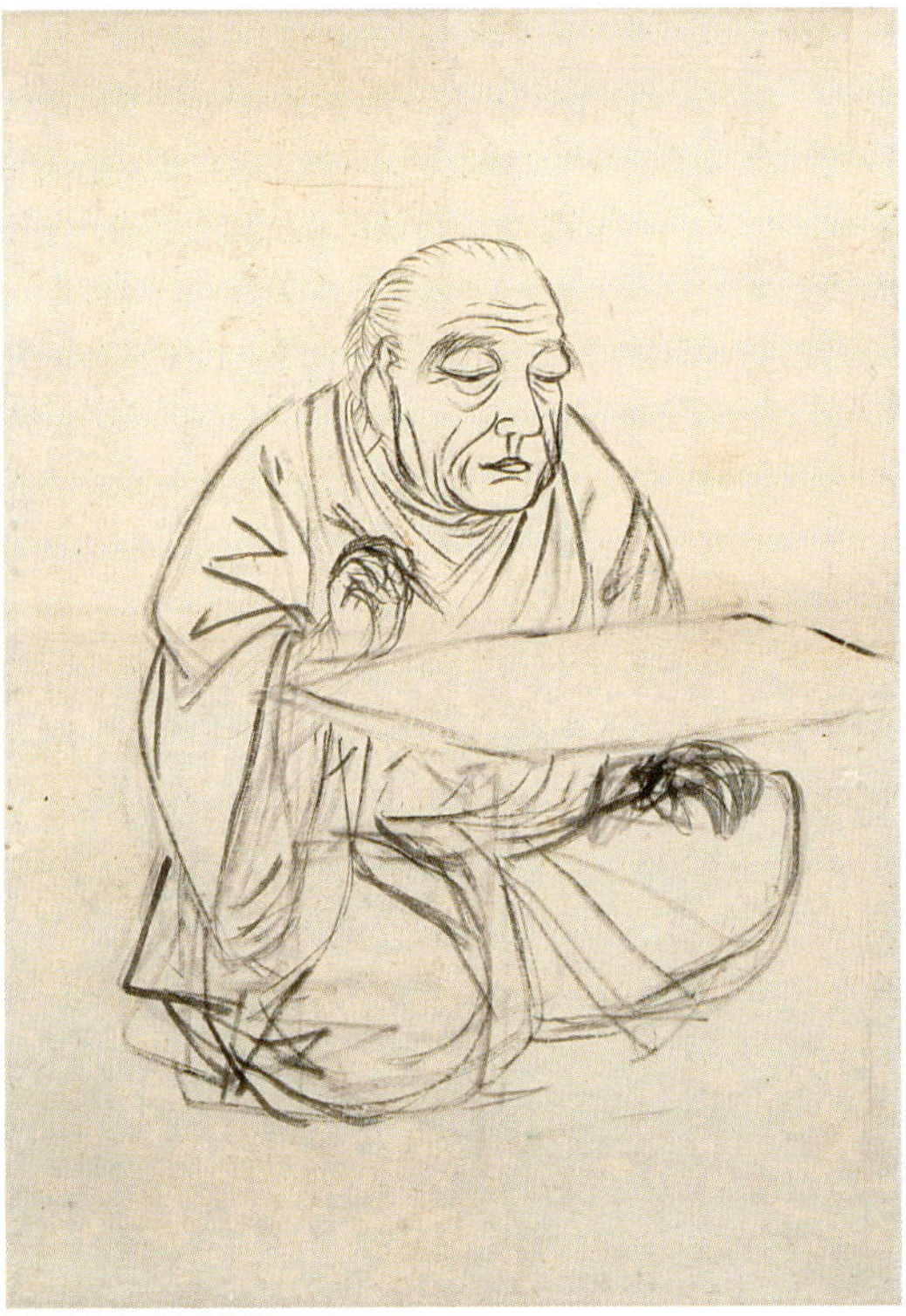

中井《なかい》履軒《りけん》肖像画《しょうぞうが》

中井履軒（竹山の弟）の肖像画。筆者未詳。縦一一七・五×横三六・〇。描線の様子からみて、下絵の段階のものであると推定される。上部に履軒の墓誌銘の拓本が貼られている。西村天囚『懐徳堂考』によれば、「履軒の容貌は魁秀《かいしゅう》」で顔の輪郭が非常に大きく、また両眼の大きいことが、その特徴であったという。この肖像は、『懐徳堂考』の伝える風貌によく合致している。

入徳門聯《にゅうとくもくれん》

中井竹山の筆になる竹製の聯。縦八八・〇×横一〇・五。漢文の対句を二つに分けて書き、それを家の入り口、門、壁などに左右相対して掛けたものを「聯」あるいは「対聯（たいれん・ついれん）」と言う。懐徳堂の外門を入ると、講堂に通ずる庭「已有園《いゆうえん》」があった。この竹聯は、その庭の組格子の中門の左右に掛けられていたものである。この門の上に竹山の筆で「入徳之門」と記した額がかけられていたことから、この聯を特に「入徳門聯」と呼ぶ。一本の竹を縦に二つに割り、各々の表面に石灰で「力學以修己」「立言以治人」と白書している。

「学に力《つと》めて以て己を修め、言を立てて以て人を治む」と読め、自己修養と社会的活動の重要性を説く朱子学の理念を表している。

懐徳堂印《かいとくどういん》

江戸時代の大阪学問所「懐徳堂」に由来する多くの貴重資料が、「懐徳堂文庫」として大阪大学に収蔵されている。この中でひときわ異彩を放つ資料群がある。総点数二百を越える懐徳堂の印章である。

印章は、他の大型の器物類や書籍に比べて小振りな資料ではある。だがそこには、懐徳堂歴代の教授や関係者たちのさまざまな思いが込められている。印文からは、懐徳堂学派の学術的特色や歴代教授の性格をうかがうことができる。また、印の造形という点でも興味深いものが多い。紐《ちゅう》（鈕）（とって）の部分には、動物などがかたどられるものもある。さらには、ある資料に押印された複数の印影を辿ることにより、その資料の来歴や伝承の過程をつきとめることもできる。印章は、まさに懐徳堂の小宇宙を語る資料であると言えよう。

「懐徳書院教授」印

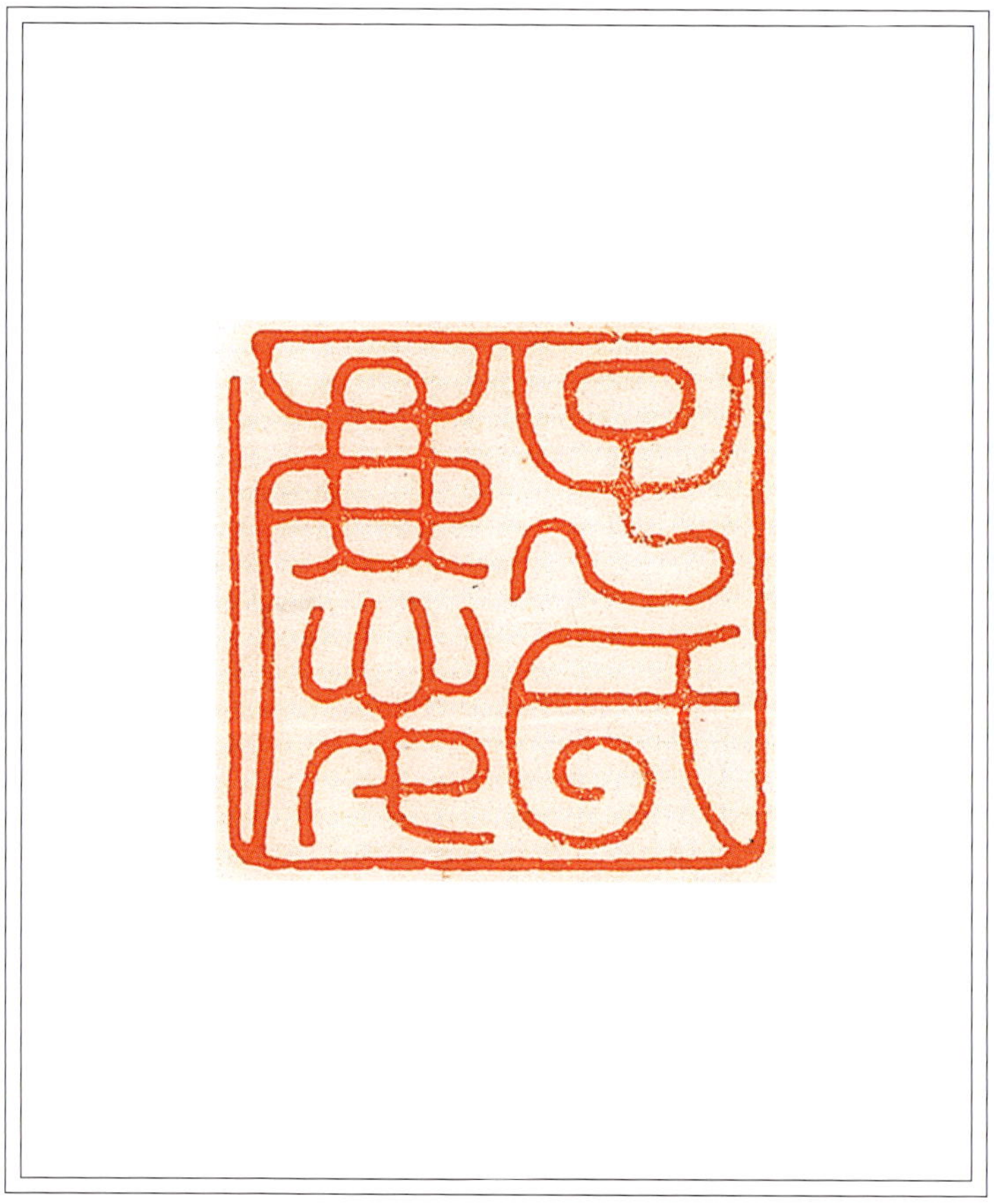

「子慶氏」印

「懐徳書院教授《かいとくしょいんきょうじゅ》」印　懐徳堂を代表する公印。篆刻者の前川虚舟《まえかわきょしゅう》は、懐徳堂の中井竹山に師事して儒書詩文を学び、木村蒹葭堂《けんかどう》の詩文のサロン「混沌社《こんとんしゃ》」に出入りしていた。こうした関係から、この印が生み出された。

「子慶氏《しけいし》」印　混沌社社友の葛子琴《かつしきん》（一七三九〜一七八四）によって作成された印。竹山の字《あざな》「子慶」を刻み、石印であるが、上部のみ木製である。大きさは一辺五cm。篆刻の技法としては、円転《えんてん》が使われている。つまり、印文の一点一画に丸みを持たせ、全体を柔らかな感じにする技法である。

「天子知名《てんしちめい》」印　光格天皇《こうかくてんのう》（在位一七八〇～一八一七年）に関わる印。光格天皇は、ある時、「朕《ちん》は嘗《かつ》て竹山の書はみたれど、履軒のは未だ見しことあらず、履軒はあまり書をかかぬさうぢやノ」とお話しになり、これを聞きつけた篆刻家の前川虚舟が、儒家の光栄であるとして竹山と履軒に磁印を作って贈ったという。懐徳堂と朝廷との関係を示す貴重な印である。紐には見事な亀がかたどられている。「天子知名」とは、「天皇が名前をご存知である」の意。

「天子知名」印

「水哉《すいさい》」印　中井履軒の私塾「水哉館《すいさいかん》」にちなむ印。履軒は三十代半ばに懐徳堂から独立して私塾水哉館を営み、膨大かつ精緻な古典研究を推進した。懐徳堂印の中では唯一のガラス製。しかも、紐の部分は、水の流れを髣髴とさせる流線的な装飾がほどこされている。紐の頭頂部から印面部に向かって、水が螺旋《らせん》状に流れ落ちているかのようである。印文も、楕円形の単郭の中に、円転の陽刻の文字が刻まれている。うねるような「水」の文字が印象的である。

「水哉」印

青貝印匣《せいばいいんこう》　中井竹山の使用していた公印などの懐徳堂印を入れていた木製の箱。乾燥による漆の割れ・螺鈿《らでん》の剥落が見られたため、平成十七年度（二〇〇五）に修復された。

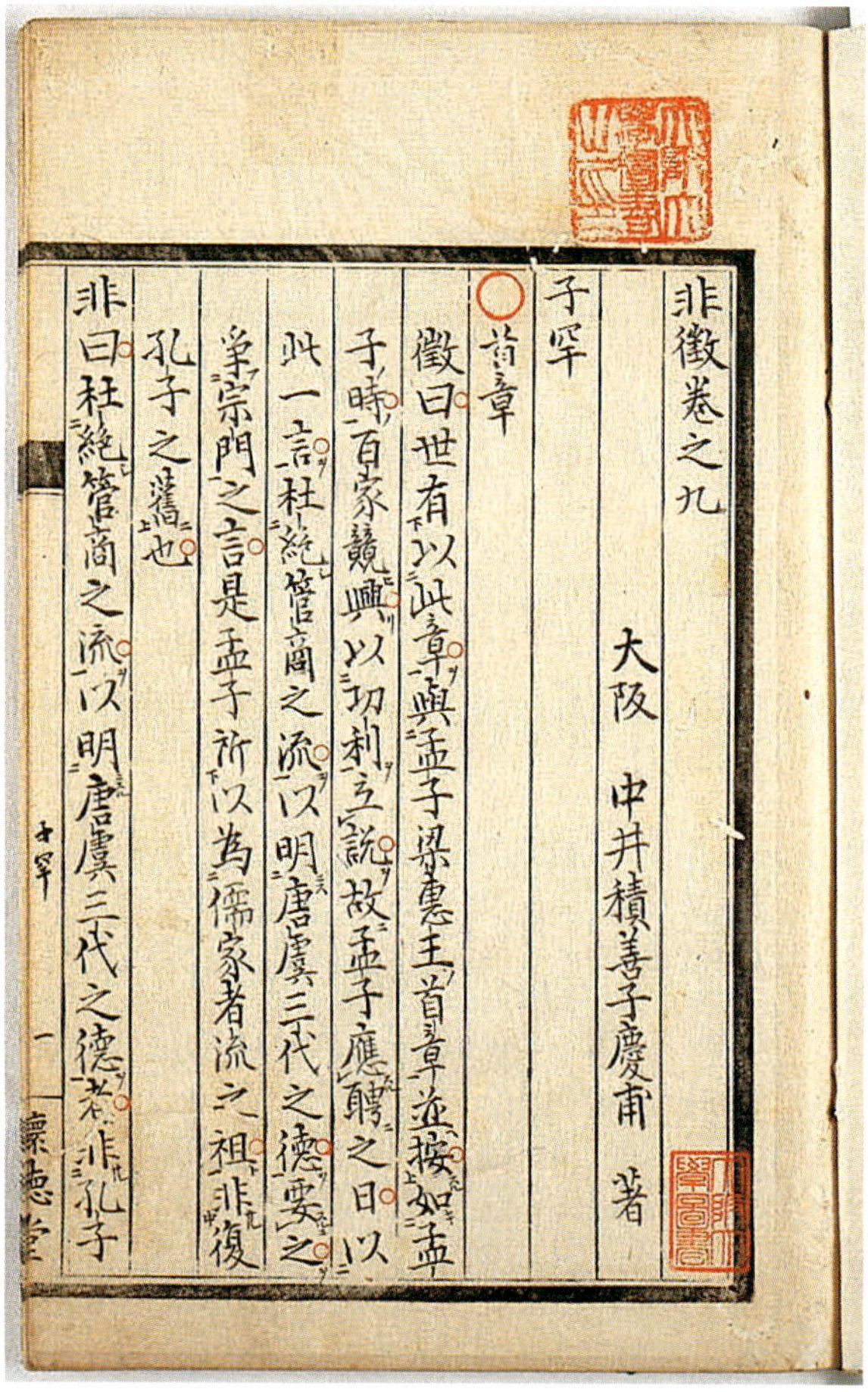

非徴《ひちょう》

中井竹山の主著で荻生徂徠《おぎゅうそらい》の『論語徴《ろんごちょう》』を批判したもの。竹山の手稿本は八冊からなり、一冊～五冊目に各二巻、六・七冊目には各三巻、八冊目には四巻の計二十巻を収録している。各縦二七・二×横一七・八。天明四年（一七八四）、師の五井蘭洲《ごいらんしゅう》の『非物篇《ひぶつへん》』とともに、懐徳堂蔵版で刊行された。『非物篇』の精神を継承し、その続編に当たるとの意識から、表紙題簽には「続編非徴」と記された。ただし、その後、手稿本の第一冊目（学而・為政の二巻を収録）は失われ、一九八八年に懐徳堂文庫復刻叢書一として復刻刊行された際には、懐徳堂所蔵の刊本でその部分を補っている。

全体は、巻頭の「総非」という総論に始まり、以下、学而《がくじ》篇から堯曰《ぎょうえつ》篇までの各章について、『非物篇』の内容を補いながら注釈を加えている。その基本的姿勢は、荻生徂徠批判で一貫している。

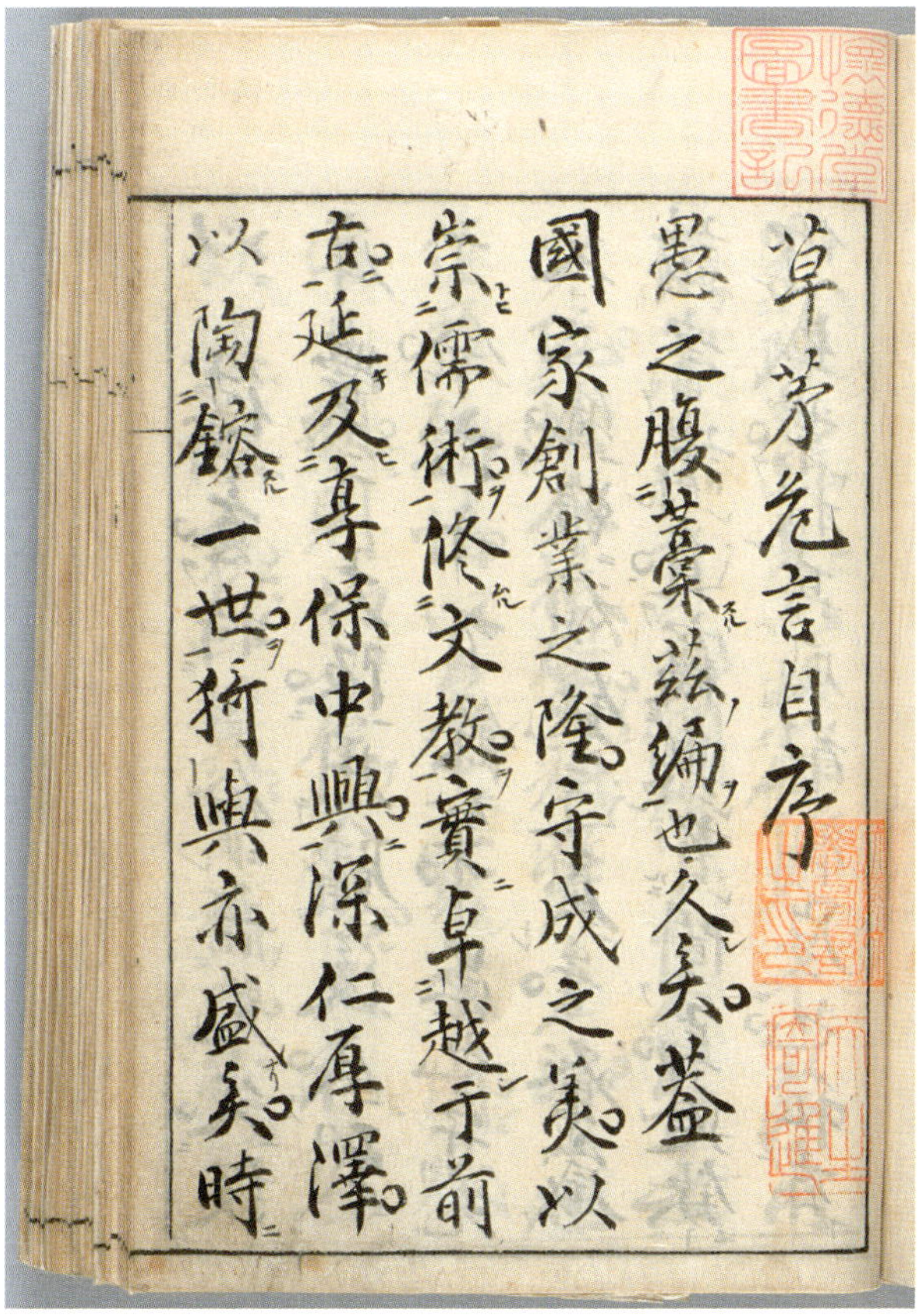

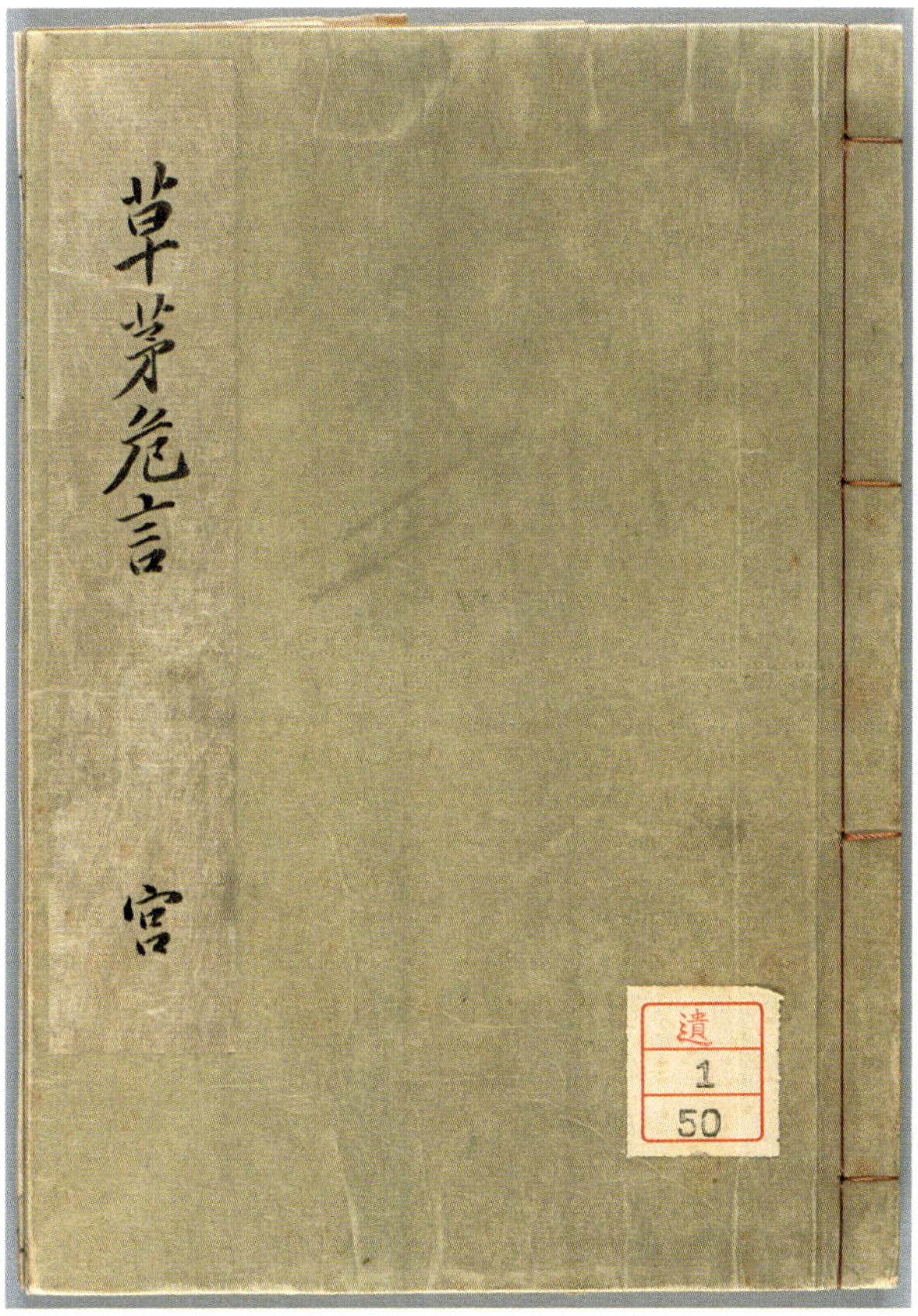

草茅危言《そうぼうきげん》

中井竹山による経世の論。時の老中松平定信《まつだいらさだのぶ》の求めに応じて献上したもの。中井竹山手稿本。縦二二・一×横一五・六。献上に際して竹山は正副二部を作成したようで、この本はその副本である。「草茅」は、草むら、転じて民間・在野の意。「危言」は、『論語』憲問篇の「邦、道有れば、言を危くし行ないを危くす」（国に正しい道が行われている時は、言葉も行動も正しくする）という、孔子の言葉に基づいたもの。在野の士・竹山が、太平の世にあって自分の意見を忌憚《きたん》なく述べた、という趣旨の命名と思われる。

天明八年（一七八八）六月四日、柴野栗山《しばのりつざん》（寛政の三博士の一人）の推挙により、竹山は大坂滞在中の松平定信に召見され、政務について諮問された。その後、「以来何事に依らず存じ寄り候《そうろう》義ども、追々申し上げ」るよう、定信から伝えられた。その内命に従って、自らの国家・社会・学問等に対する意見を著し、同年、最初の一巻を献上した。全五巻の完成は寛政三年（一七九一）である。なお、松平定信は、竹山との会見の前年、天明七年（一七八七）に老中に就任している。老中が直接、市井の儒者に諮問するというのは、極めて異例のことであり、当時の竹山の評価がいかに高かったかを物語っている。後の寛政の改革において、『草茅危言』は多大な影響があったとされている。

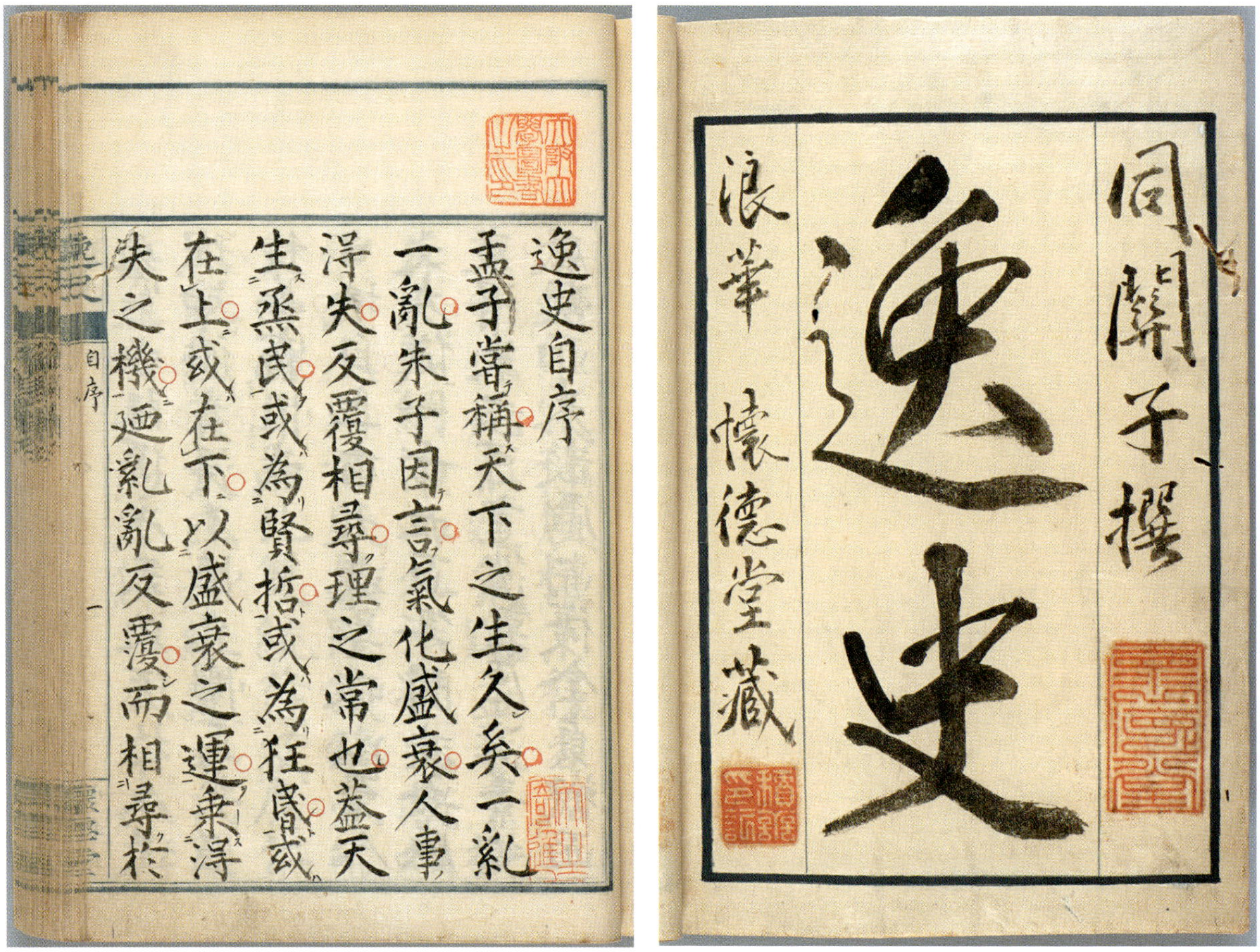

逸史《いつし》

中井竹山が著した徳川家康の一代記。竹山の手筆定稿。十三冊。縦二九・三×横一九・九。自序によれば、完成までに「三紀（三十六年間）」を要し、その間に五たび稿を変え、天明年間（一七八一～一七八八）に完成したという。竹山が最も力を尽くした著述である。ただし、「題辞《だいじ》」（全体の概要・主題を述べたもの）が明和七年（一七七〇）に書かれていることから、ほぼその頃に原型が出来上がり、次第に推敲を重ねていったものと思われる。その後、寛政八年（一七九六）に竹山の高弟・脇屋《わきや》蘭室《らんしつ》（脇愚山）が、序文を書いている。寛政十年（一七九八）、竹山の子・蕉園《しようえん》が江戸に行った際、『逸史』の副本を携えさせて、親交のあった儒者達に見せたことが契機になり、同年十一月、同書を幕府に献上するよう命が下った。本書は、寛政十一年（一七九九）に幕府の命によって献上したものの副本である。後に『逸史』は、嘉永元年（一八四八）に並河寒泉《なみかわかんせん》によって刊行されているが、本書は、その際の底本となった。

『逸史』は、表面的には徳川家康を賛美し、徳川幕府に阿《おもね》ったもののようにも見えるが、決してそうではない。自序によれば、大坂の人々が豊臣贔屓で、家康の功績を正当に評価せず、悪口ばかり言うので、この書を著したとのことである。

なお、竹山が幕府に上呈した『逸史』献上本は、現在、江戸幕府以来の貴重古書・古文書などを管理する内閣文庫（国立公文書館）に収められている。

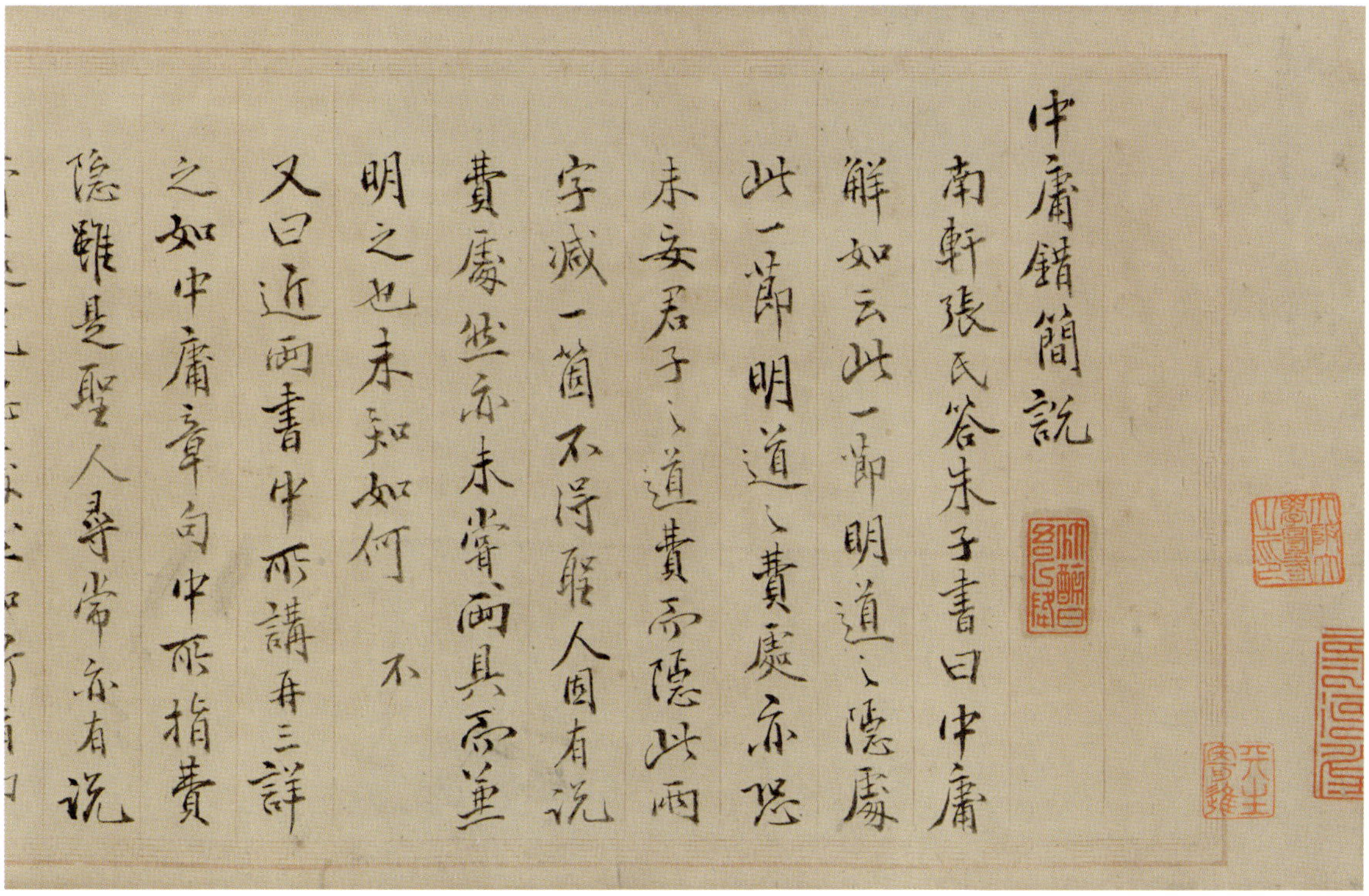

中庸錯簡説（冒頭）

中庸錯簡説（末尾）

中庸錯簡説《ちゅうようさっかんせつ》

南宋の朱熹《しゅき》以来の『中庸』テキストの章の並びに誤りがあるとする懐徳堂独自の学説を述べたもの。一軸。縦二八・一×横二八五・四。この説は三宅石庵によって立てられ、中井竹山が補完した。「錯簡」とは、文章が間違って前後しているという意味。紙が発明される以前の書物は、竹や木の簡（ふだ）に文字を記し、それを並べてひもで綴じたため、一旦、そのひもが切れると簡の順序は交錯してしまい、これを「錯簡」と言ったのがこの語の由来である。

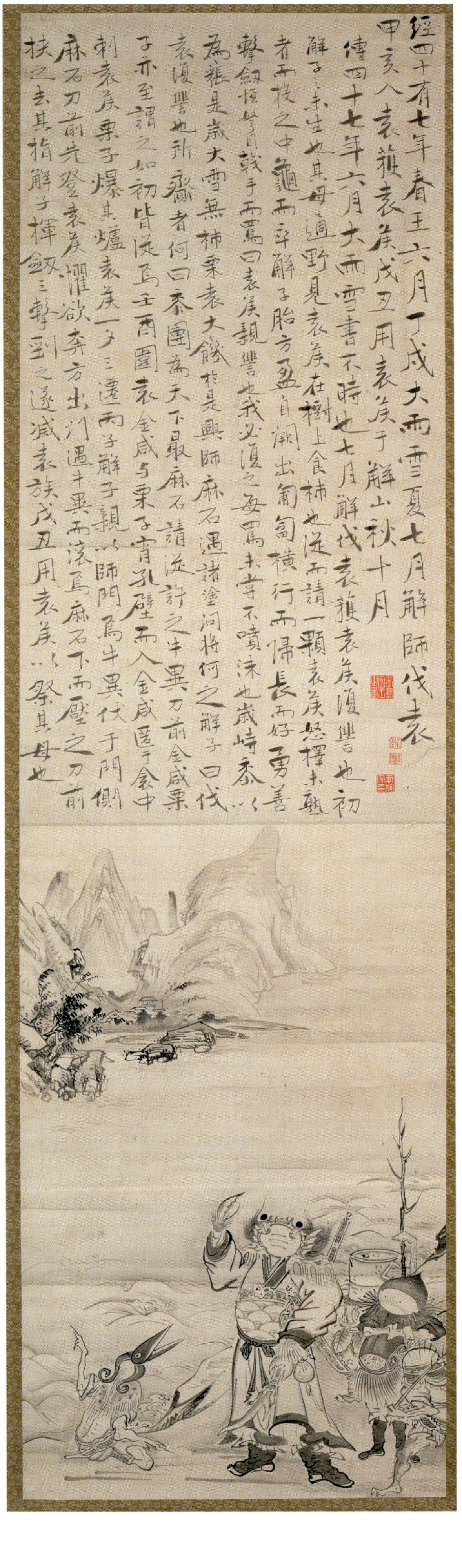

解師伐袁図《かいしばつえんず》

猿蟹合戦を主題として、岩崎象外が絵を描き、中井履軒がこの絵に賛を書いたもの。一幅。縦二〇五・三×横五八・七。賛は『春秋左氏伝』の文体を巧みに模倣している。成立時期は未詳。

【賛文】（原文は句読点なし）。

経、四十有七年春、王六月丁戊、大雨雪。夏七月、鮮師伐袁。
甲亥、入袁、獲袁矦。戊丑、用袁矦于鮮山。秋十月。
傳、四十七年六月、大雨雪、書不時也。七月、鮮伐袁、獲袁矦、復讐也。初鮮子之未生也、其母適野、見袁矦在樹上食柿也。従而請一顆。袁矦怒、擇未熟者而投之、中龜而卒。鮮子胎方盈、自闕出、匍匐横行而帰。長而好勇、善撃劔、恆弩目戟手罵曰、「袁矦親讐也。我必復之」。毎罵未嘗不噴沫也。歳崎黍以為甆。是歳、大雪、無柿栗。袁大饑。於是興師。麻石遇諸塗、問「将何之」。鮮子曰「伐袁。復讐也」。「所齎者何」。曰「黍團。為天下最」。麻石請従。許之。牛異、刀前、金咸、栗子亦至、謂之如初。皆従焉。壬酉、圍袁。金咸与栗子、宵孔壁而入。金咸匿于衾中、刺袁矦、栗子爆其爐。袁矦一夕三遷。丙子、鮮子親以師門焉。牛異伏于門側、麻石刀前先登。袁矦懼欲奔、方出門、遇牛異而滾焉。麻石下而壓之、刀前挟之、去其指。鮮子揮劔、三撃剄之、逐滅袁族。戊丑、用袁矦以祭其母也。

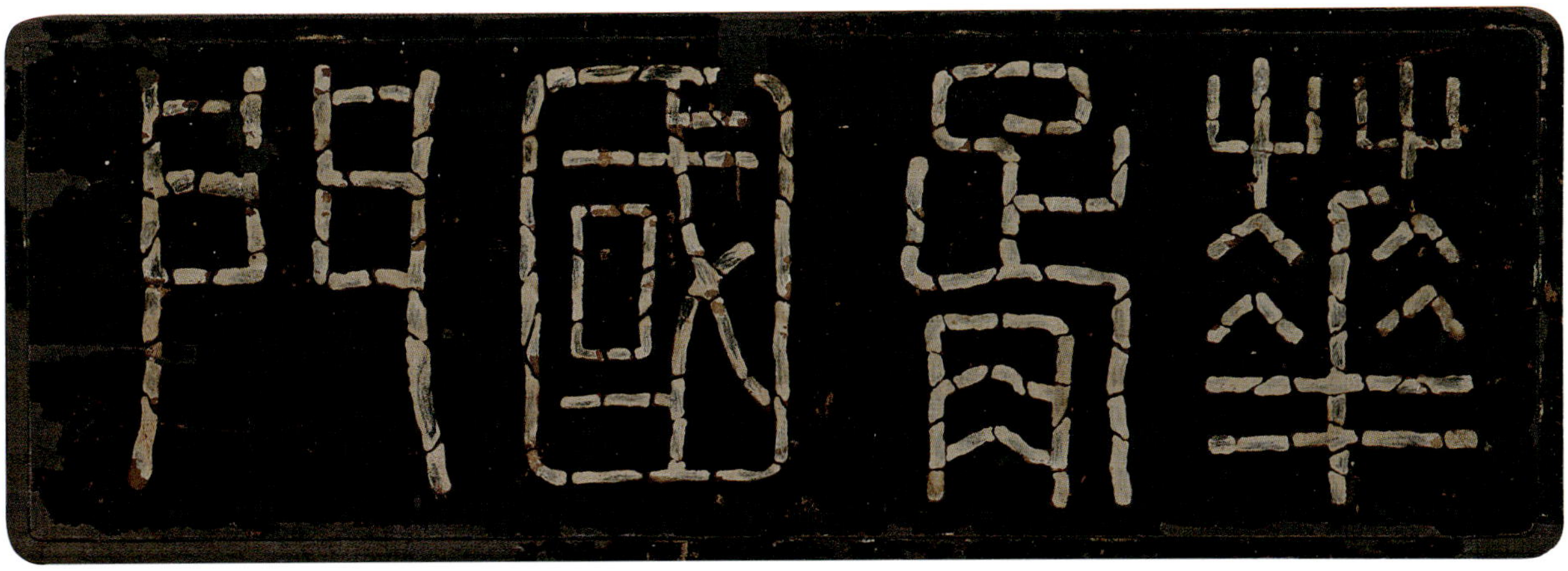

華胥国門額

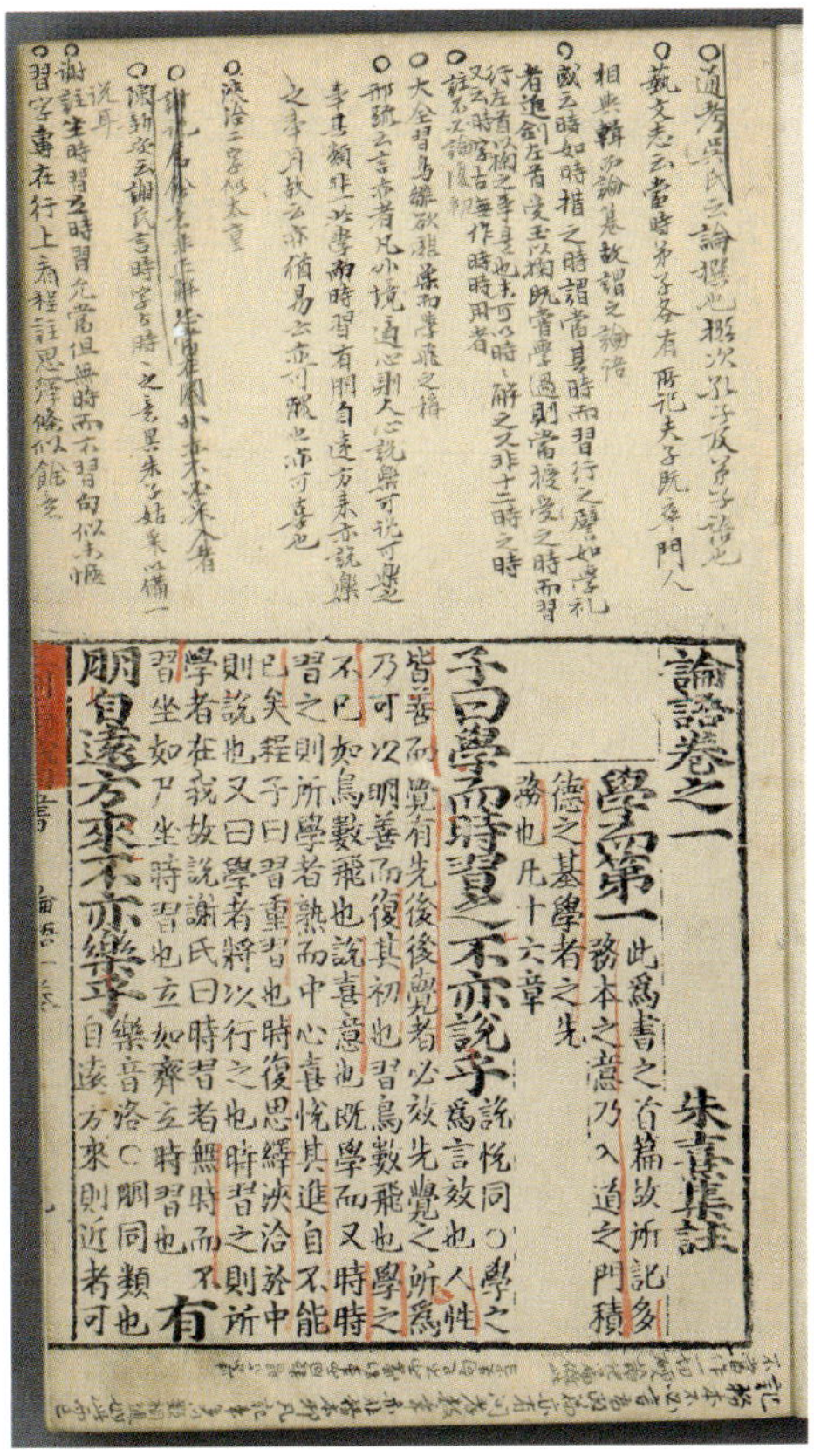

論語雕題

七経雕題

華胥国門額《かしょこくもんがく》

中井履軒が自宅に掲げた門額。縦一七・六×横五〇・三。厚さ一。華胥国とは、中国の伝説的な皇帝であった黄帝《こうてい》が夢の中で遊んだという理想国で、そこには身分の上下がなく、民には愛憎の心がなく、利害の対立もなく、自然のままであったという。

この資料は、経年の劣化が著しく、平成二十一年（二〇〇九）に修復作業が行われた。詳しくは第四章参照。

七経雕題《しちけいちょうだい》

中井履軒の経書研究に関する最初の成果を示す注釈書。内訳は、『周易雕題』『尚書雕題』『詩雕題』『左氏雕題』『礼記雕題』『学庸雕題』『論語雕題』『孟子雕題』。

「雕題」とは、『礼記』王制篇の「南方を蛮と曰う、題《ひたい》を雕《きざ》み趾を交え、火食せざる者有り」により、本来、額に入墨するという意味であるが、ここでは転じて刊本に記した頭注を言う。履軒は自分が刊本の欄外に注釈したものをすべて「〇〇雕題」と称し、『七経雕題』の他に、例えば『史記雕題』『荘子雕題』『古文真宝雕題』など多数の注釈書を残している。

なお、履軒の経学研究は、その後、『七経雕題略』を経て、『七経逢原《ほうげん》』として集大成された。

宋六君子図（上から周敦頤、程顥、程頤）

宋六君子図《そうろくくんしず》

中国・宋代の六人の学者、周敦頤《しゅうとんい》・程顥《ていこう》・程《てい》頤《い》・張載《ちょうさい》・司馬光《しばこう》・邵雍《しょうよう》に関する絵に、頼春《らいしゅん》水《すい》が賛をつけたもの。春水は号で、名は惟寛（一説に惟完）、頼山陽の父として名高い。春水は当時、広島藩儒であったが、かつて大坂に学び、詩社混沌社《こんとんしゃ》（中井竹山も同人であった）に入り、また、大坂・新天満町に塾を開いて在坂の儒者達と交遊するなど、以前から竹山・懐徳堂と深い繋がりがあった。また、春水の妻と中井碩果《せきか》（竹山の子）の妻とは姻戚関係にあった。絵は、このページの周敦頤・程顥・程頤を蔀《しとみ》関月《かんげつ》が、次ページの張載・司馬光・邵雍を、関月の弟子・中井藍江《なかいらんこう》が書いている。

宋六君子図（上から、張載、司馬光、邵雍）

画材として特にこの六人が選ばれているのは、朱子がこの六人の絵に賛文を書いていることによる。原画の所在は未詳であるが、賛文は、『朱子文集』巻八十五に、「六先生画像賛」と題して収められている。春水の書いた賛は、これを筆写したものである。

賛が書かれたのは寛政九年（一七九七）。懐徳堂は寛政四年に全焼し、寛政八年に再建落成している。おそらく、堂の再建を祝って、これらの画と賛とが作成され、竹山に贈られたものと思われる。もとは懐徳堂講堂の東側梁上に掲げられていた。

左九羅帖「樺・青鳥」

左九羅帖「黄鳥・海棠」

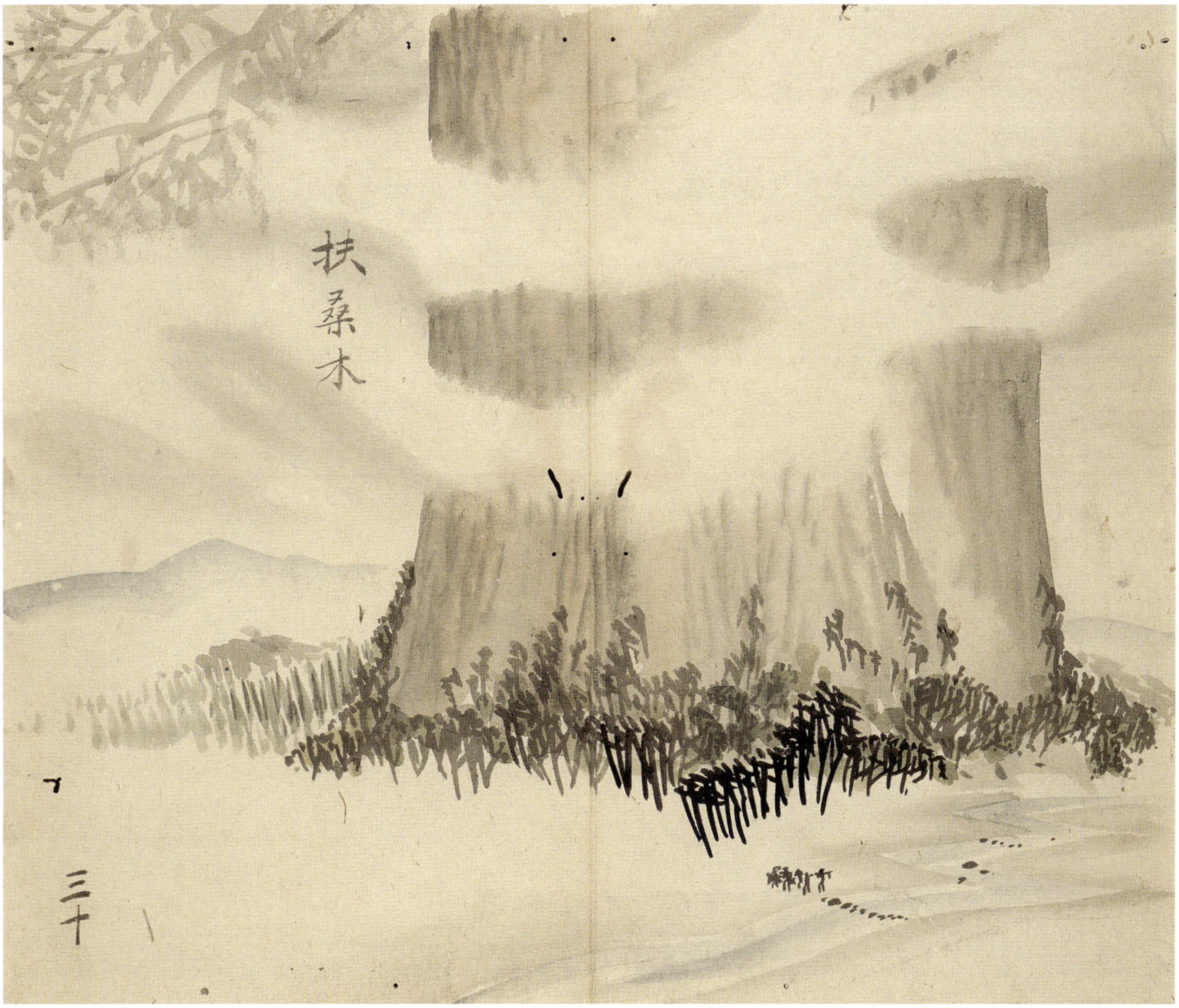

左九羅帖「扶桑」

左九羅帖《さくらじょう》

中井履軒が著した本草《ほんぞう》書。動植物をわかりやすく描き、そのかたわらに名称を記す。その筆致は極めて写実的であり、履軒の本草への関心を伝える資料である。履軒は、動植物の名称の混乱を憂え、これを正すために本資料を著したと考えられる。例えば本資料の冒頭には、サクラおよびウグイスが描かれているが、そのかたわらには「樺」および「青鳥」と記されている。日本で「サクラ」には「桜」字をあてるのが一般的であり、竹山・碩果らは「桜」ではなく「海棠」の字をあてるべきだとした。履軒はこれらをみな非とし、「樺」が正しいとするのである。なお、懐徳堂最後の教授並河寒泉《なみかわかんせん》が晩年「桜宮《さくらのみや》」に住み「樺翁《かおう》」と号したのも、従祖父である履軒の説に基づくとされる。

上図の「扶桑」とは日本の別名。その昔、本邦の西国に「扶桑木《ふそうぼく》」と称する大木があり、外国の船がはるかにこの扶桑を認めて、日本の目当てとしたことから日本を「扶桑国」と言った、という俗説がある。また、中国のある字説に、太陽が木の下にあるのを「杳（ヨウ、くらい）」、木中に昇るのを「東」、木の上にあるのを「杲（コウ、あかるい）」とし、そこで言われる木は中国の東方の島（日本）にある「扶桑」であるとしている。巨大な木の根元に米粒ほどの人々が描かれている。

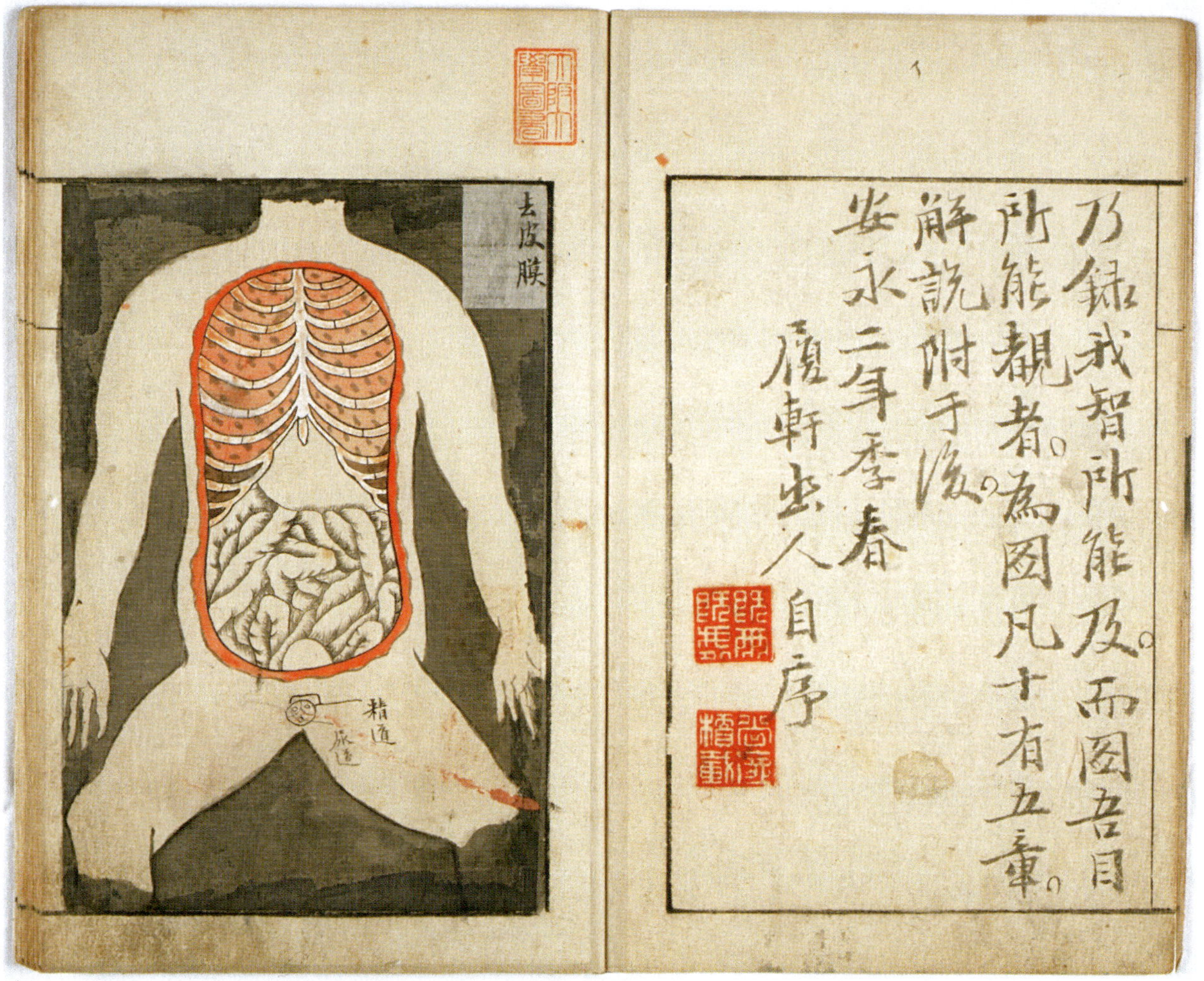

越俎弄筆《えっそろうひつ》

中井履軒の医書。履軒の手稿本。自序によれば、履軒は、医学者の麻田《あさだ》剛立《ごうりゅう》が獣体解剖を行い、人体との対照確認を行おうとするのを見た経験を基に、自ら人体解剖図十五葉を彩色筆写し、これに解説を加えた。「越俎」とは、自分の本分を越えるという意味、「弄筆」とはたわむれに書くという意味である。本書は、本来麻田剛立によって執筆されるべきものであったのに、剛立が研究に忙しく著述の暇がなかったから、自ら分を越えて執筆したとの意が込められている。履軒の実証的精神が漢学という枠をはるかに越えて、医学にまで及んでいたことを示す資料である。

内容は、自序に続き、十五葉の人体解剖図が記される。本書の成書は、安永二年（一七七三）三月。それは、前野良沢・杉田玄白らによる『解体新書』完成の前年のことであった。

聖賢扇《せいけんおうぎ》

中井履軒が扇面の表に歴代の聖賢や学者の名を朱筆し、裏面にはこれらの人々を酒にたとえて面白く評を加えたもの。原本は失われて存しないが、文政三年（一八二〇）に履軒の子柚園《ゆえん》が写したものが残されている。

孔子孟子の正統儒学が「伊《い》丹《たみ》極上《ごくじょう》御《ご》膳酒《ぜんしゅ》」として絶讃される一方、漢代以降の儒者、宋代・明代の儒者については徐々に評価が厳しくなり、また、儒家以外の老荘や仏教、神道、禅宗などには手厳しい評価が下され、さらに、論敵であった荻生徂徠《おぎゅうそらい》と太宰春台《だざいしゅんだい》は「鬼ころし」と酷評されている。諸学に対する履軒の評価、特に反徂徠の立場を明快に示す資料であると言えよう。内容の詳細については、『懐徳堂事典』（湯浅邦弘編著、大阪大学出版会）参照。

木製天図《もくせいてんず》

中井履軒が作成した木製回転式の天体図。天道説と地動説とを折衷した修正天道説の立場に近い認識を示している。履軒は、『天経或問《てんけいわくもん》』などの書物や、麻田剛立《あさだごうりゅう》などの一流の天文学者との交流から、天文学に関する知識を習得すると同時に、その知識に基づいて模型を作り、宇宙を実感しようとしたのである。

方図《ほうず》

中井履軒手製の天体図。「方」とは大地・国土のことであるが、木製天図とともに宇宙の構造を示すもので、伝統的な「天円地方《てんえんちほう》」（天空の形状は円《まる》く大地の形状は四角い）の考えに基づいて、四角い厚紙を用いて作られ、周囲には金箔が施されている。地球を中心に据えていることから、本図が天動説によっていることがわかる。

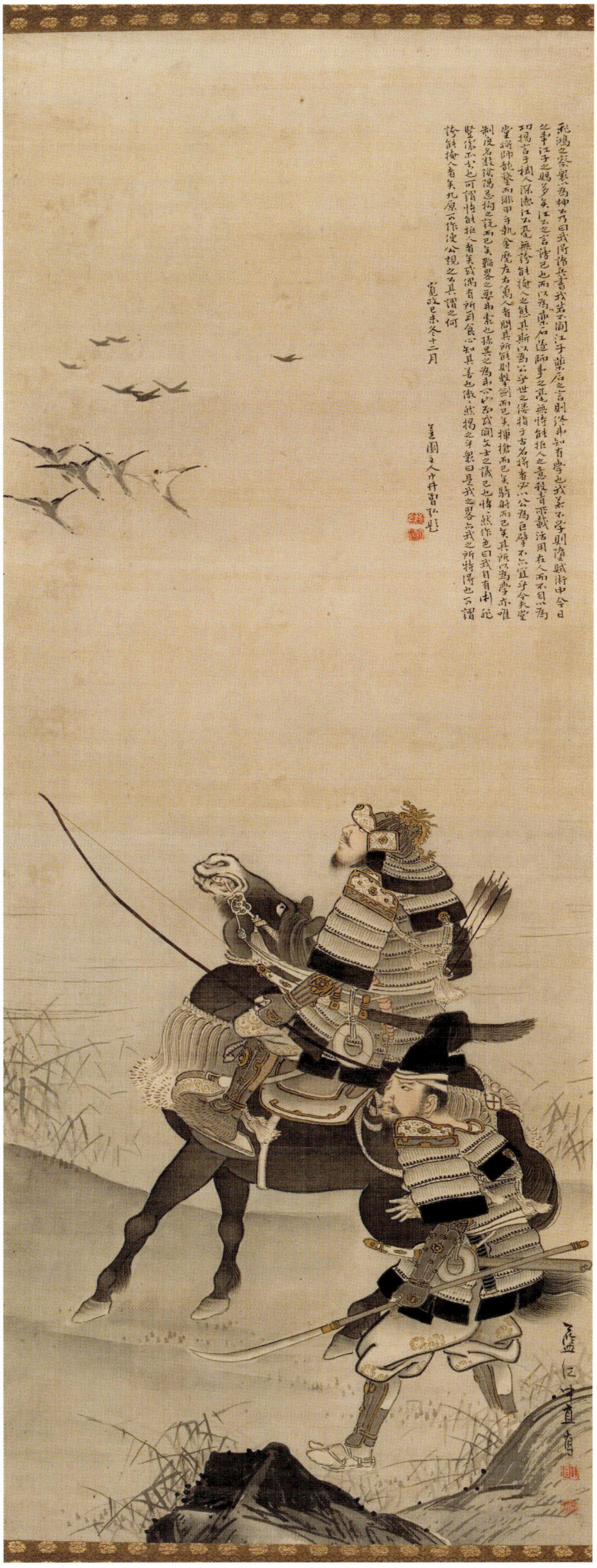

騎馬武者図《きばむしゃず》

源　義家《みなもとのよしいえ》（一〇三九～一一〇六）の故事を題材に中井藍江《なかいらんこう》が絵を描き、中井蕉園《しょうえん》（中井竹山の子、一七六七～一八〇三）が画賛をつけたもの。一幅。縦一〇四・九×横四二。寛政十一年（一七九九）。賛は全二八七字に及ぶ長文のもので、蕉園が義家に成り代わって書くという特殊なスタイル。

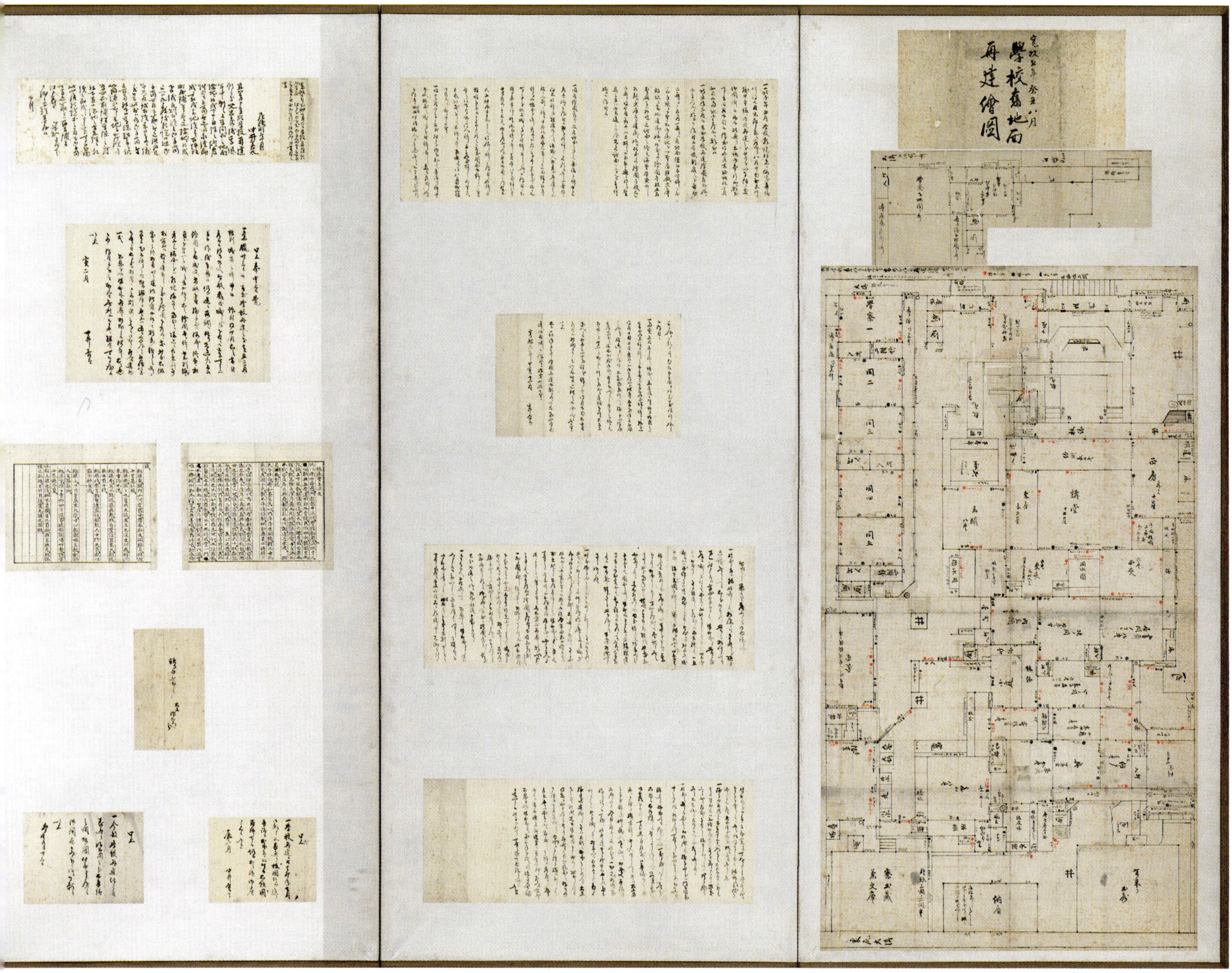

懐徳堂《かいとくどう》絵《え》図《ず》屏風《びょうぶ》

江戸時代の懐徳堂学舎に関わる絵図・記録類を屏風一双に貼り付けたもの。各六面、計十二面からなる。各面は縦一八五×横八五、十二面をすべて展開すると幅が十メートルを超える大型の屏風。

明治四十四年（一九一一）十月、府立大阪博物場美術館において懐徳堂展覧会が開催された。その前年、西村天囚《にしむらてんしゅう》らの呼びかけで江戸時代の大坂学問所「懐徳堂」の復興と顕彰を目的とする「懐徳堂記念会」が設立され、懐徳堂の儒者たちを追悼する記念式典の挙行、貴重書の復刻

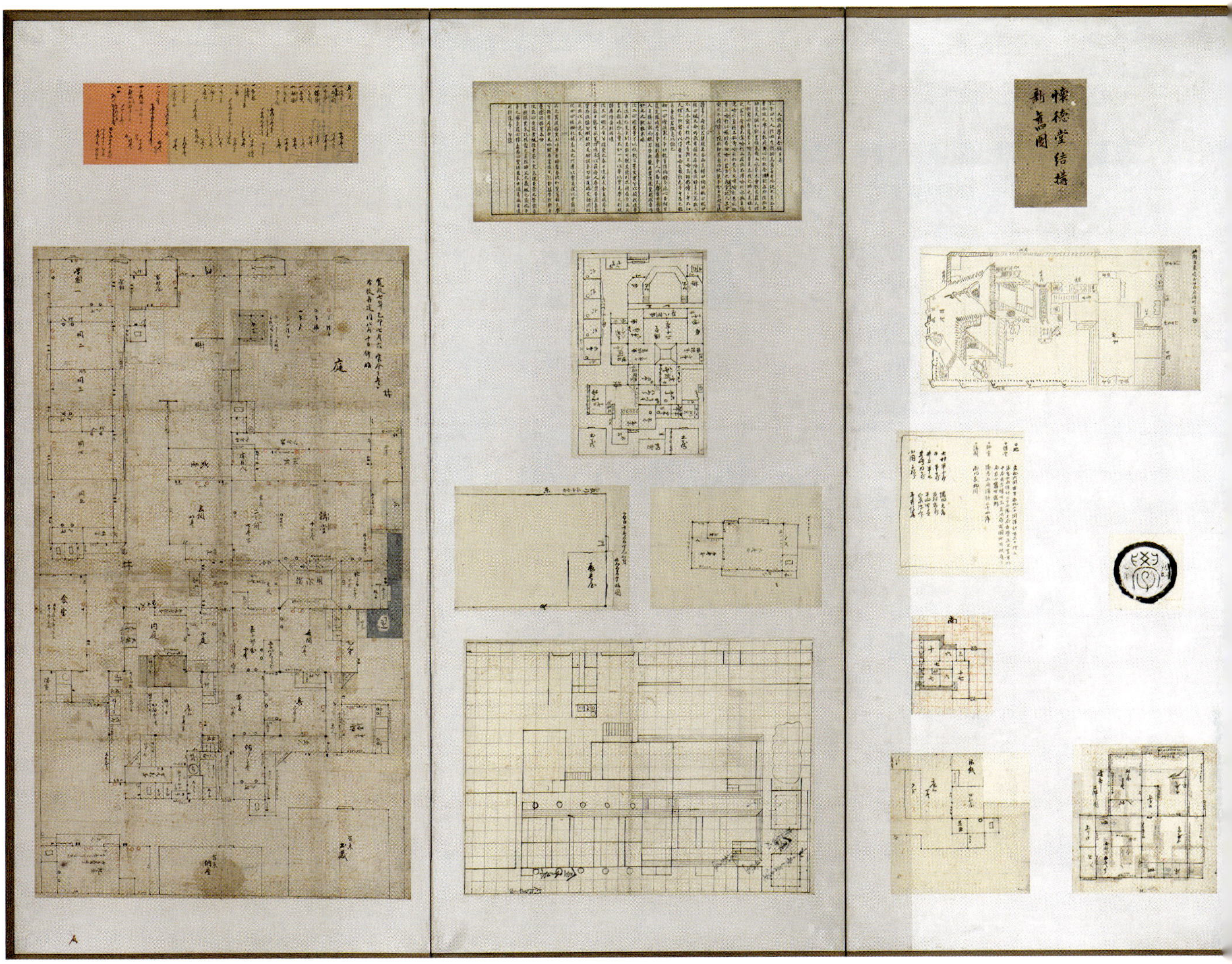

刊行など、積極的な顕彰活動が開始されていた。本展覧会もそうした事業の一環として開催されたもので、会期は十月一日～六日の六日間であった。

この展覧会に出品された資料の中で、ひときわ目を引いたのが、この大きな屏風である。中井家子孫の中井木菟麻呂《つぐまろ》が懐徳堂学舎に関わる絵図類と中井家所蔵の関係資料とを併せて、この展覧会用に屏風に仕立てたという。これにより、江戸時代の懐徳堂学舎の変遷や、再建時の構想などがわかる。

華胥国物語《かしょこくものがたり》版木《はんぎ》

中井履軒『華胥国物語』の版木。履軒の曾孫に当たる中井木菟麻呂が同書を刊行したときに彫らせたもの。版面に「明治十九年（一八八六）二月十日版権免許」「同年五月刻成」の表記が見える。計十枚からなり、各版木の両面に文字が彫られ、表紙および本文十八丁分の版面となっている。版木の厚さは二・四。匡郭内寸法は縦十八・九×横十三・九。毎半葉十行、版心には丁数が彫られている。明治期の版行の様子を伝える貴重な資料である。

これらは、縦四十四・〇×横四十八・七×奥行き二十六・〇の木箱の中に横積みで収蔵されており、その木箱の前扉（蓋）には「華胥国物語」「中井氏蔵」、その裏面には「明治十九年五月」と墨書されている。これにより、本資料が版行の後、中井家所蔵品とされていたことが分かる。

玄関部

講堂部

バーチャル懐徳堂

平成十三年（二〇〇一）の大阪大学創立七十周年記念事業の一環として制作された、コンピュータグラフィックス（CG）による再現図。江戸時代の懐徳堂の様子をうかがうことのできる平面図をもとに、実際の懐徳堂文庫所蔵資料も活用しながらCG再現した。一枚は玄関部、もう一枚は講堂部である。現在これらは、大型のタペストリーに仕立てて、大阪大学図書館貴重図書閲覧室と文学研究科懐徳堂研究センターに掲げられている。

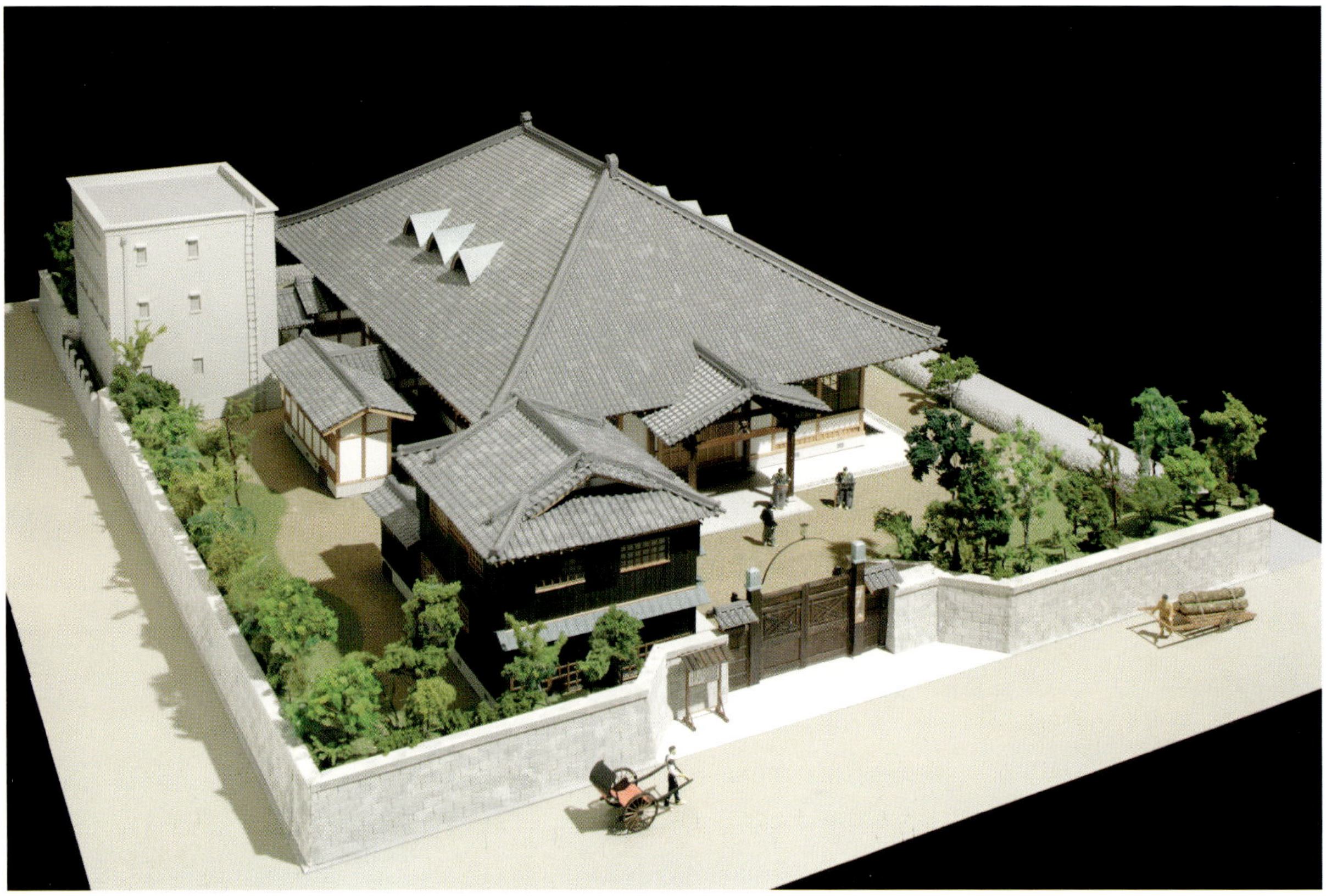

重建懐徳堂復元模型

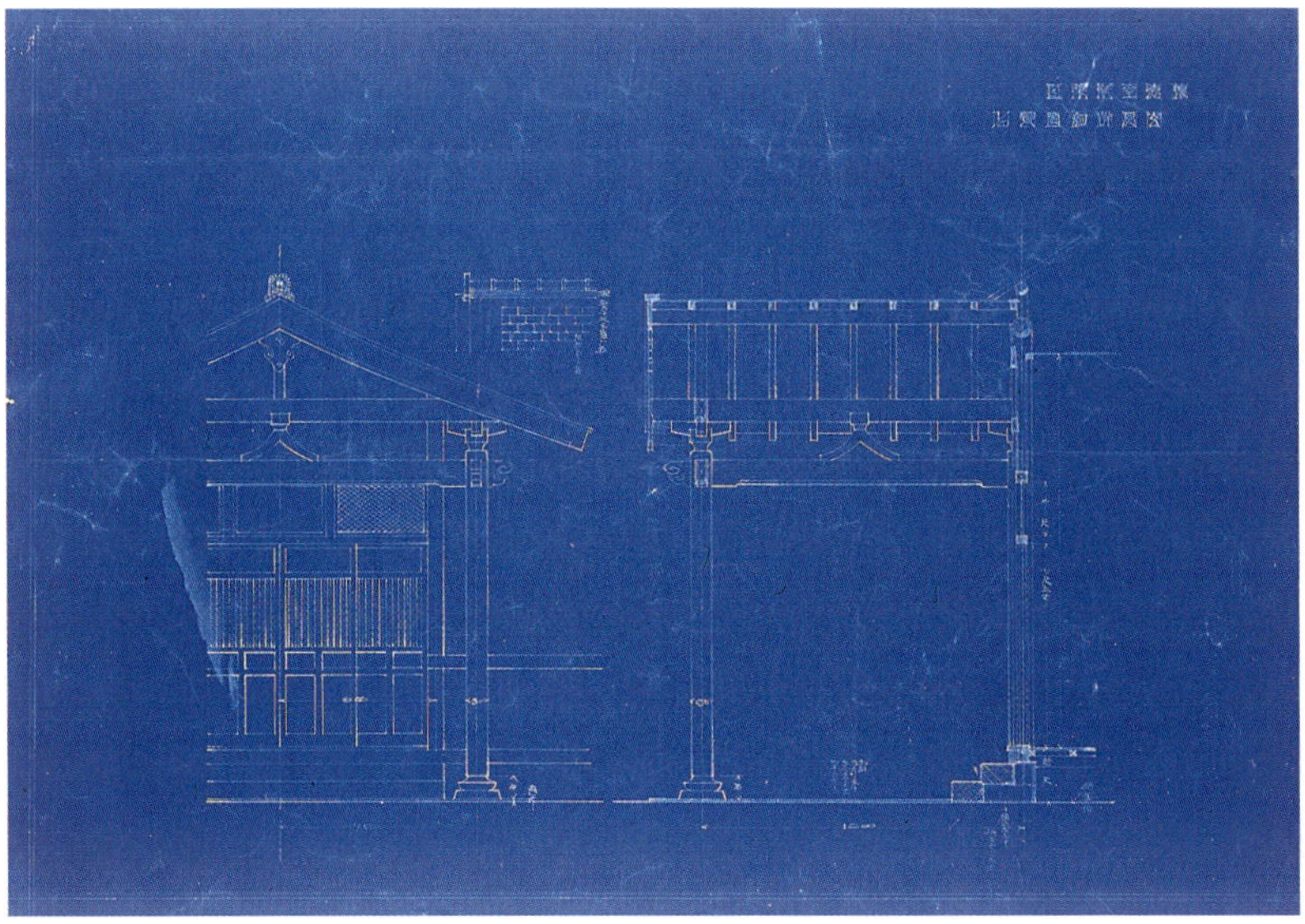

設計図

重建懐徳堂《ちょうけんかいとくどう》復元模型、同設計図

大正五年（一九一六）に再建された懐徳堂（重建懐徳堂）の復元模型とその設計図。重建懐徳堂は、大阪の市民大学・文科大学として多くの市民に親しまれた。建物は、一二六坪の大講堂、木造二階建ての事務所棟、鉄筋コンクリート造りの書庫・研究室棟からなり、敷地面積は三六一坪。

木造の講堂は、昭和二十年（一九四五）の大阪大空襲により焼失したが、懐徳堂文庫資料の中に、その設計図面（全六枚）が残されていることが近年確認された。当時の設計・施工にあたった竹中工務店の御厚意により、平成十七年（二〇〇五）十月、その復元模型が制作され、大阪大学に寄贈された。五十分の一サイズの模型が、現在、大阪大学文学研究科の玄関に展示されている。復元模型制作の経緯については84頁参照。

第二章　懐徳堂の誕生と草創期

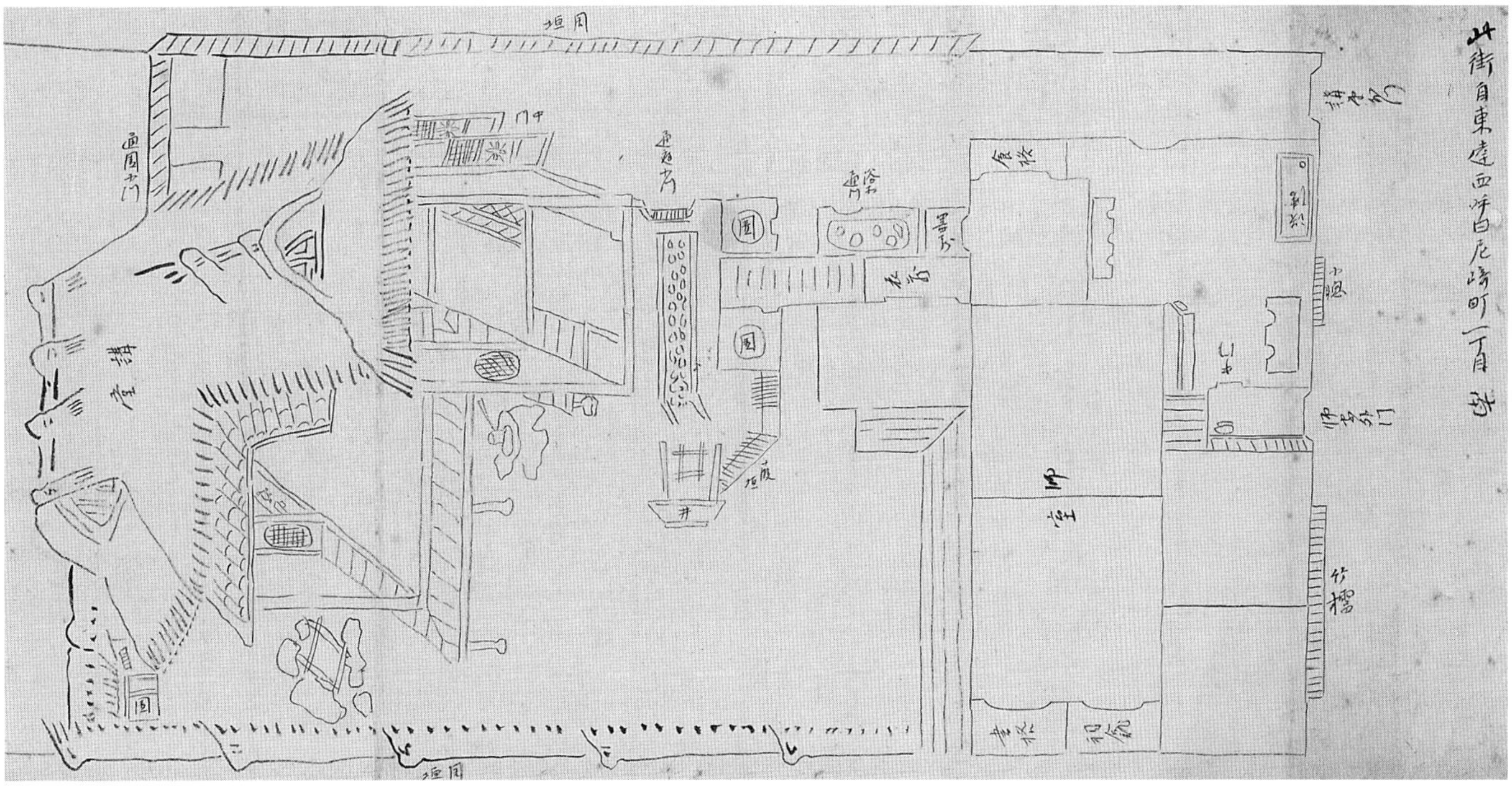

創設時の懐徳堂の図

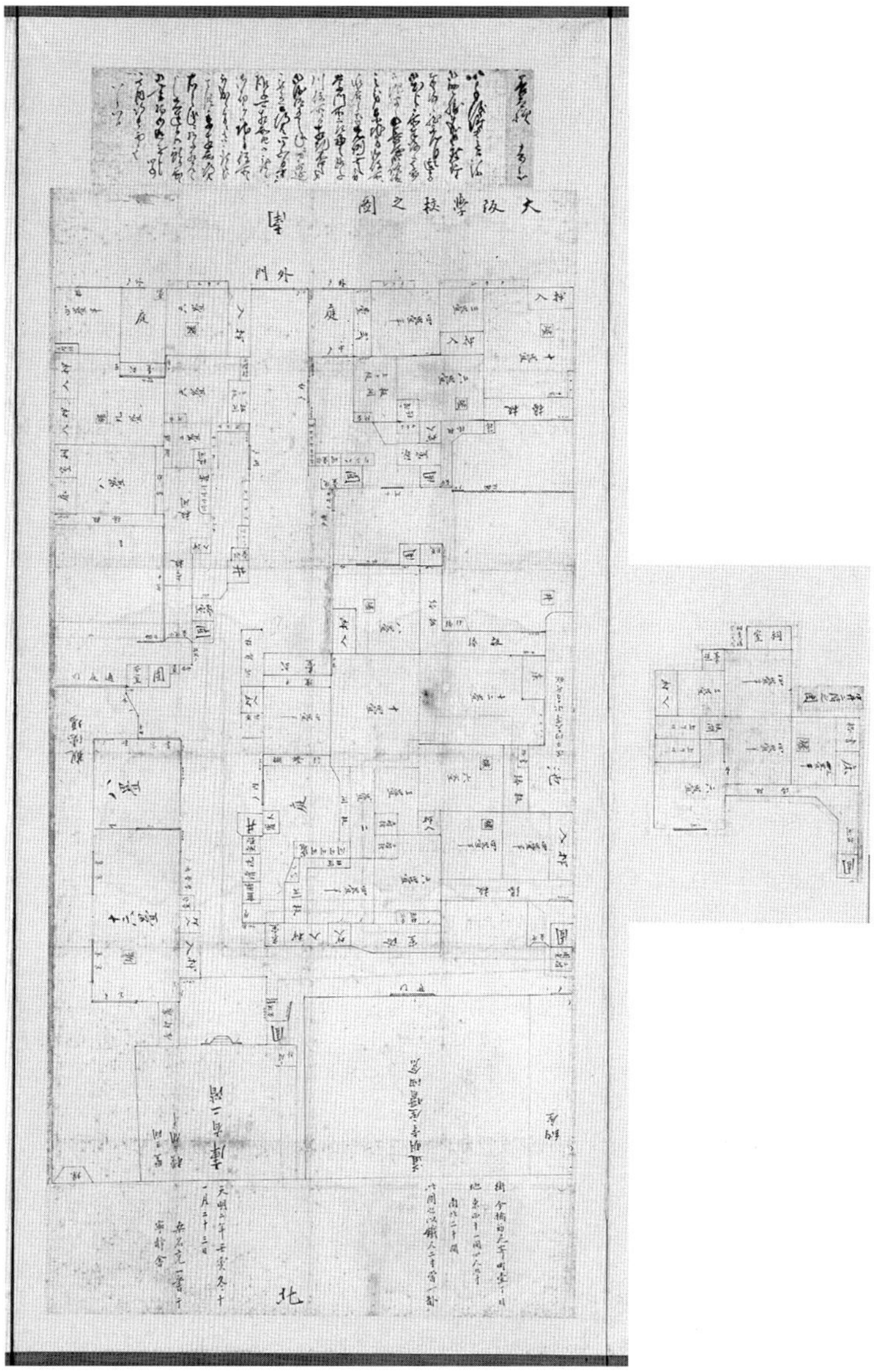

大坂学校之図

懐徳堂の創設

懐徳堂が創設される以前、組織的・体系的な「学校」としては、林羅山《はやしらざん》の家塾を官学化した江戸幕府の昌平黌《しょうへいこう》（昌平坂学問所）、文教に力を注いだ有力藩の藩校、高名な儒者の開く私塾などが散在するのみであった。そうした中で、大坂では、五井持軒《ごいじけん》の漢学塾や平野郷《ひらのごう》の含翠堂《がんすいどう》など、好学と自治の風を伝える学校が存在し、懐徳堂の先駆となっている。また、中井甃庵《なかいしゅうあん》の祖父に当たる中井養仙《ようせん》が龍野《たつの》から大坂に移住したことも、中井家と懐徳堂とを結ぶ機縁となった。

こうした前史を受け、懐徳堂は創設された。享保九年（一七二四）、大坂の有力町人「五同志《ごどうし》」は、中井甃庵とはかり、当時、大坂の大火「妙知焼《みょうちやけ》」によって平野郷に避難していた三宅石庵《みやけせきあん》を招き、学問所を創設した。後に、江戸の昌平黌と並ぶ勢いを誇ったとされる懐徳堂の誕生である。

大坂学校之図《おおさかがっこうのず》

初期懐徳堂を描いた「大坂学校之図」。懐徳堂絵図屏風第四面および第三面に貼り付けられている。下部に「天明二年（一七八二）十一月二十三日桑名克一書」の記載がある。欄外に「街　今橋筋尼崎町壹丁目、地　東西十一間四尺五寸、南北二十間」「此図也以鐵尺二寸當一畝」の注記。敷地北側に「道明寺屋醤油倉」が確認できる。これは、懐徳堂の敷地を提供したのが五同志の一人道明寺屋であったことによる。

二階部分は屏風第三面中段左に貼り付けられており、二階全体について「中井二階之図」と注記されている。つまり、二階は、懐徳堂学主中井家の私的空間であったことを示す。

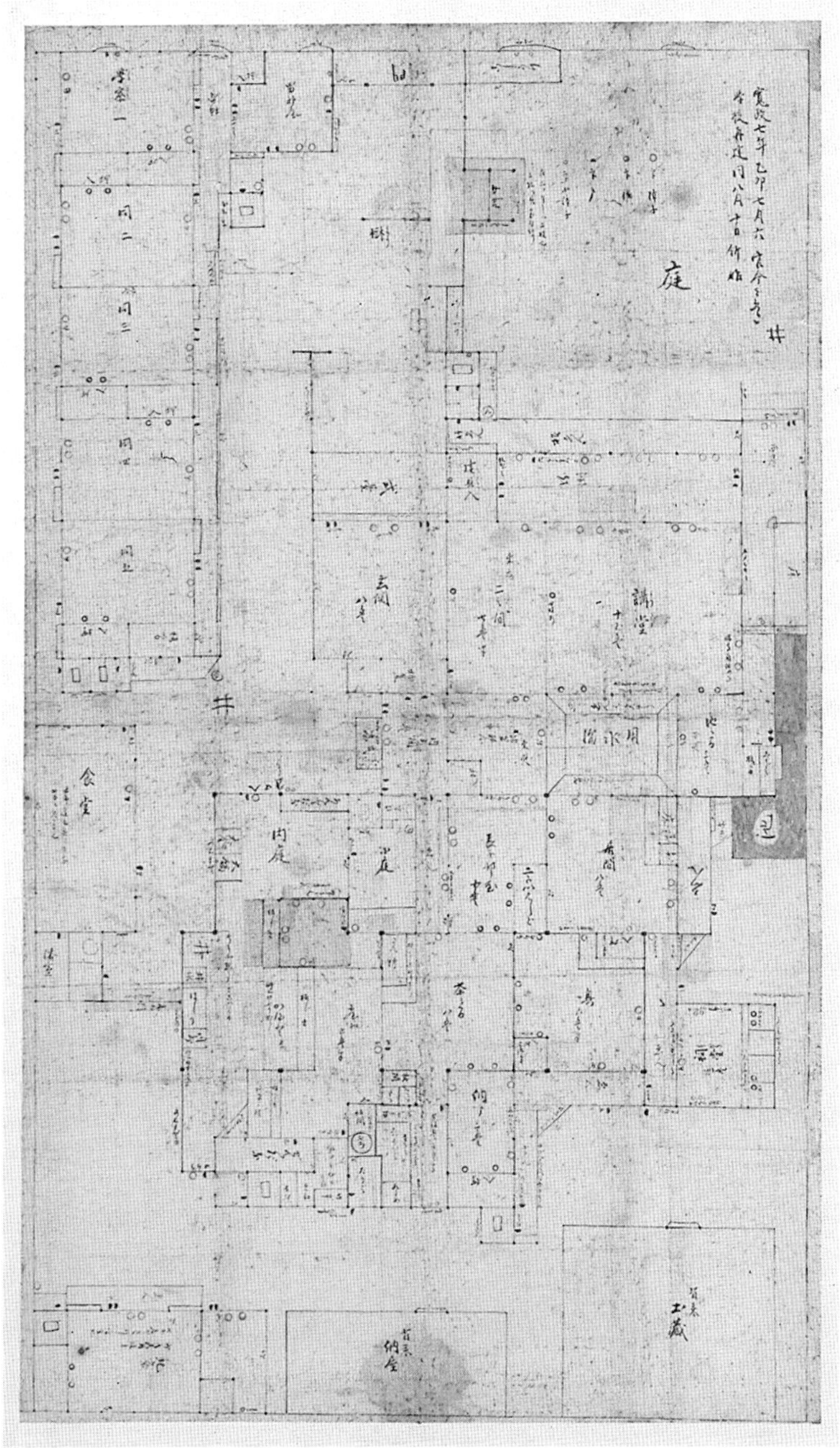

寛政年間《かんせいねんかん》再建《さいけん》着工《ちゃっこう》図《ず》最終《さいしゅう》図面《ずめん》

懐徳堂は、寛政四年（一七九二）、市中の大火で類焼した。これをうけて作成された寛政年間再建着工図の最終図面。中井竹山により「寛政七年乙卯（一七九五）七月六　官命を受候　学校再建同八月十日釿始」と記載されている。南の正門を入って左手（南西）に「庭」、「講堂」は第七面の寛政五年（一七九三）再建設計図と同じく十五畳。学舎北西の隅に、東向きの「祠堂」、中央右側（西）には「池」が見える。この池は、その後、埋められ、書庫蔵が増設された。但し、基本的には、寛政八年（一七九六）に竣工したこの懐徳堂学舎は、明治二年（一八六九）の閉校まで大きく変更されることはなかった。

懐徳堂年表

［西暦（年号）］　　［記　事］

一七一七（享保二）平野郷に「含翠堂」できる。

一七二四（享保九）大坂市中大火、いわゆる「妙知焼」。同志ら尼崎町の富永芳春の隠居所跡に学舎を建て、平野に難を避けていた石庵を迎え、「懐徳堂」を設立。

一七二六（享保十一）懐徳堂に官許の認可がおりる。初代学主に三宅石庵、預り人に中井甃庵が就任。三宅石庵、開学記念講義を行う（『萬年先生論孟首章講義』）。

一七二八（享保十三）荻生徂徠没。

一七二九（享保十四）五井蘭洲、江戸に出る。

一七三〇（享保十五）三宅石庵没。中井竹山、生まれる。

一七三一（享保十六）中井甃庵、学主兼預り人となる。五井蘭洲、津軽藩に仕官する。

一七三二（享保十七）中井履軒、生まれる。

一七三五（享保二十）懐徳堂の学則「摂州大坂尼崎町学問所定約」全七条、制定。

一七三九（元文四）蘭洲、津軽藩を去り大坂に帰る。中井竹山（十歳）・履軒（八歳）蘭洲に学ぶ。中井甃庵『五孝子伝』を記す。

一七四四（延享元）中井履軒、「墨菊図」（泉治筆）に賛文を記し軸装する。

一七四五（延享二）富永仲基『出定後語』刊行。

一七四六（延享三）富永仲基『翁の文』刊行。

一七五一（宝暦元）懐徳堂、改築。五井蘭洲『勢語通』を著す。

一七五八（宝暦八）中井甃庵没。三宅春楼（四七歳）学主、中井竹山（二九歳）預り人となる。「宝暦八年（一七五八）定書」全三条、「懐徳堂定約附記」全五条できる。

一七六〇（宝暦十）山片蟠桃、升屋別家伯父・久兵衛の養子となり、升屋本家に奉公を始め、懐徳堂に通学。

一七六二（宝暦十二）五井蘭洲没。

一七六四（明和元）懐徳堂寄宿舎が建てられ、中井竹山、寄宿生に対する『懐徳書院掲示』を出す。稲垣子華、孝子として幕府から顕彰される。

一七六五（明和二）混沌社結成。中井履軒、反古紙を使って「深衣」を作製、『深衣図解』を著す。

一七六六（明和三）履軒、京都高辻家に招聘される。

一七六七（明和四）履軒帰坂、鰻谷町に住み「水哉館」を開く。五井蘭洲『瑣語』刊行。

一七七三（安永二）中井履軒『越俎弄筆』成書。

一七七四（安永三）中井竹山、『社倉私議』を龍野藩に呈出。草間直方、鴻池家の別家・草間家の女婿となる。前野良沢・杉田玄白ら、日本初の翻訳解剖書『解体新書』を刊行。

一七七七（安永六）「安永六年正月定書」全一条、制定。

一七七八（安永七）「安永七年六月定書」全八条、制定。

一七八〇（安永九）「学問所」を「学校」と改称、学問所の人別は町内から離れて別証文になる。中井履軒、米屋町に転居、『華胥国物語』を著す。

一七八二（天明二）三宅春楼没。竹山学主兼預り人となり、『同志中相談覚』を示す。また、高辻胤長の下命により建学私議を上呈。

一七八四（天明四）五井蘭洲『非物篇』、中井竹山『非徴』、懐徳堂蔵版で刊行。

一七八七（天明七）松平定信老中首座となり、寛政の改革始まる。

一七八八（天明八）松平定信来坂、竹山その諮問に答える。

一七九〇（寛政二）寛政異学の禁。

一七九一（寛政三）『草茅危言』完成。

一七九二（寛政四）懐徳堂全焼。竹山、再建願いのため、江戸に下向。蕉園、「一宵十賦」の詩才を示す。

一七九五（寛政七）再建の許可が下り、手当金三百両下賜される。

一七九六（寛政八）再建落成。総経費七百両余。中井竹山「懐徳堂記」を撰す。

一七九七（寛政九）「宋六君子図」懐徳堂に贈られる。中井竹山隠居。中井蕉園、学校預り人となる。

一七九八（寛政十）中井竹山肖像画描かる。百人参加、一人五ヶ年五百目の義金募集はじまる。蕉園江戸へ行く。

一七九九（寛政十一）中井竹山、『逸史』を幕府に献上。

一八〇三（享和三）中井蕉園没。中井碩果預り人となる。

一八〇四（文化元）中井竹山没。碩果、教授兼預り人となる。

一八一三（文化十）並河寒泉懐徳堂に入る。履軒の『七経逢原』このころ完成か。

一八一七（文化十四）中井履軒没。中井碩果教授、並河寒泉預り人となる。草間直方『三貨図彙』、山片蟠桃『夢の代』成る。

一八二〇（文政三）中井柚園、父履軒の聖賢扇を筆写。

一八三二（天保三）中井桐園、碩果の嗣子となり、並河寒泉懐徳堂を出る。

一八三三（天保四）この年より天保七年にかけて、天保の大飢饉。

一八三四（天保五）中井柚園没。『天楽楼書籍遺蔵目録』作成。

一八三七（天保八）大塩平八郎の乱。

一八三八（天保九）緒方洪庵、適塾を開学。

一八四〇（天保十一）中井碩果没。寒泉懐徳堂に戻って教授となり、桐園預り人となる。

一八四八（嘉永元）並河寒泉、『逸史』（中井竹山）を刊行。

一八五四（安政元）ロシア使節プチャーチン、長崎に来航。九月、ロシア軍艦ディアナ号大坂港に入港。寒泉・桐園ロシア使節の応対に出る。

一八五五（安政二）中井木菟麻呂、生まれる。

一八五七（安政四）水戸藩、『大日本史』を懐徳堂に贈る。

一八五九（安政六）同志とはかり、懐徳堂永続助成金を集める。

一八六三（文久三）永続助成金の再延長を決める。

一八六四（元治元）禁門の変。書籍・什器を文庫に収める。

一八六八（明治元）鳥羽伏見の戦い、戊辰戦争おこる。桐園のみ書院に残り、寒泉は河内稲垣家へ、桐園の家族は中河内竹村家へ避難。明治維新。

一八六九（明治二）財政逼迫し、書院を閉鎖。並河寒泉、「出懐徳堂歌」を残して懐徳堂を去る。

一八七九（明治十二）懐徳堂最後の教授並河寒泉没。

一八八一（明治十四）懐徳堂最後の預り人中井桐園没。

一八八六（明治十九）中井木菟麻呂、『華胥国物語』（中井履軒）を版行。

一九一〇（明治四三）西村天囚、「五井蘭洲伝」を講演、懐徳堂記念会、設立。中井木菟麻呂『懐徳堂水哉館先哲遺事』執筆。

一九一一（明治四四）大阪市立美術館において懐徳堂先賢遺書遺物展観開催。懐徳堂師儒公祭挙行される。西村天囚『懐徳堂考』刊行。

一九一三（大正二）懐徳堂記念会、財団法人として認可される。

一九一六（大正五）大阪市東区豊後町十九番地に重建懐徳堂竣工、松山直蔵を教授として招聘。

一九二二（大正十一）孔子没後二四〇〇年記念事業として、孔子祭を挙行する。

一九二四（大正十三）懐徳堂記念会、『懐徳』を創刊。

一九二五（大正十四）『懐徳堂文科学術講演集』『懐徳堂百科通俗講演集第一輯』刊行。西村天囚旧蔵書、碩園記念文庫として懐徳堂に寄贈される。

一九二六（大正十五）懐徳堂創学二百年、重建懐徳堂十周年記念として懐徳堂書庫ならびに研究室竣工。『懐徳堂要覧』刊行。

一九三一（昭和六年）中井木菟麻呂「旧懐徳堂平面図」作成。

一九三二（昭和七年）中井木菟麻呂、中井家伝来の懐徳堂関係資料を懐徳堂記念会に寄贈。

一九三九（昭和十四年）中井木菟麻呂、昭和七年に続き、中井家伝来資料を懐徳堂記念会に寄贈。伊藤介夫遺族より、旧懐徳堂図書寄贈される。

一九四二（昭和十七年）重建懐徳堂二十五周年記念事業として中井竹山『草茅危言』を刊行。

一九四三（昭和十八）中井木菟麻呂没。

一九四五（昭和二十）大阪大空襲により、書庫部分を除き重建懐徳堂焼失。

一九四九（昭和二四）懐徳堂記念会、懐徳堂蔵書を大阪大学に寄贈。

一九五〇（昭和二五）懐徳堂記念講演会（大阪大学）開催。

一九五一（昭和二六）懐徳堂記念会、文化功労者として大阪府教育委員会より表彰され、「なにわ賞」を受ける。懐徳堂記念講座開始。

一九五六（昭和三一）懐徳堂回顧展開催（大阪阪急百貨店）。

一九六五（昭和四一）重建懐徳堂開講五十周年記念式典を大阪大学本部松下会館において挙行。

一九七六（昭和五一）『懐徳堂文庫図書目録』（大阪大学文学部）刊行。

一九八三（昭和五八）懐徳堂友の会設立される。懐徳堂古典講座開始。

一九八八（昭和六三）『懐徳堂文庫復刊叢書』（懐徳堂友の会・懐徳堂記念会）の刊行開始。

一九九四（平成六）図録『懐徳堂―浪華の学問所』（懐徳堂友の会・懐徳堂記念会）刊行。

一九九六（平成八）懐徳堂友の会、財団法人懐徳堂記念会に一本化され、発展的に解消。

一九九九（平成十一）懐徳堂記念会創立九十周年記念『懐徳堂記念会の九十年』刊行。

二〇〇一（平成十三）五月、大阪大学創立七十周年記念事業の一環として、マルチメディア技術による懐徳堂の顕彰（コンピュータグラフィックスによる旧懐徳堂学舎の復元、貴重資料データベースの公開など）が行われる。八月、懐徳堂文庫全資料、大阪大学附属図書館旧館書庫から新館貴重図書室に総合移転される。十二月、『懐徳堂事典』（大阪大学出版会）刊行。

二〇〇二（平成十四）「WEB懐徳堂 http://kaitokudo.jp/」暫定版公開。

二〇〇三（平成十五）「懐徳堂アーカイブ講座」で「WEB懐徳堂」正式公開。

二〇一〇（平成二二）懐徳堂記念会創立百周年。懐徳堂展（大阪歴史博物館）開催。

二〇一六（平成二八）重建懐徳堂開学百周年。

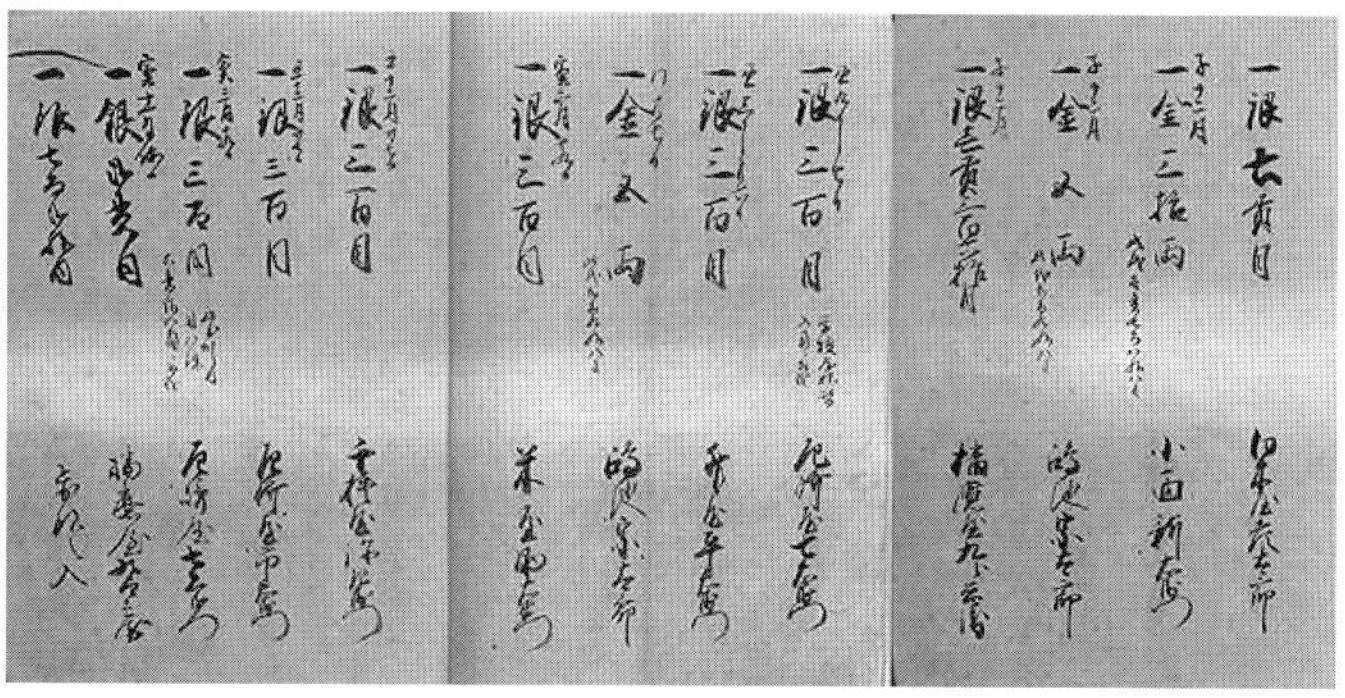

安永・天明の義金簿

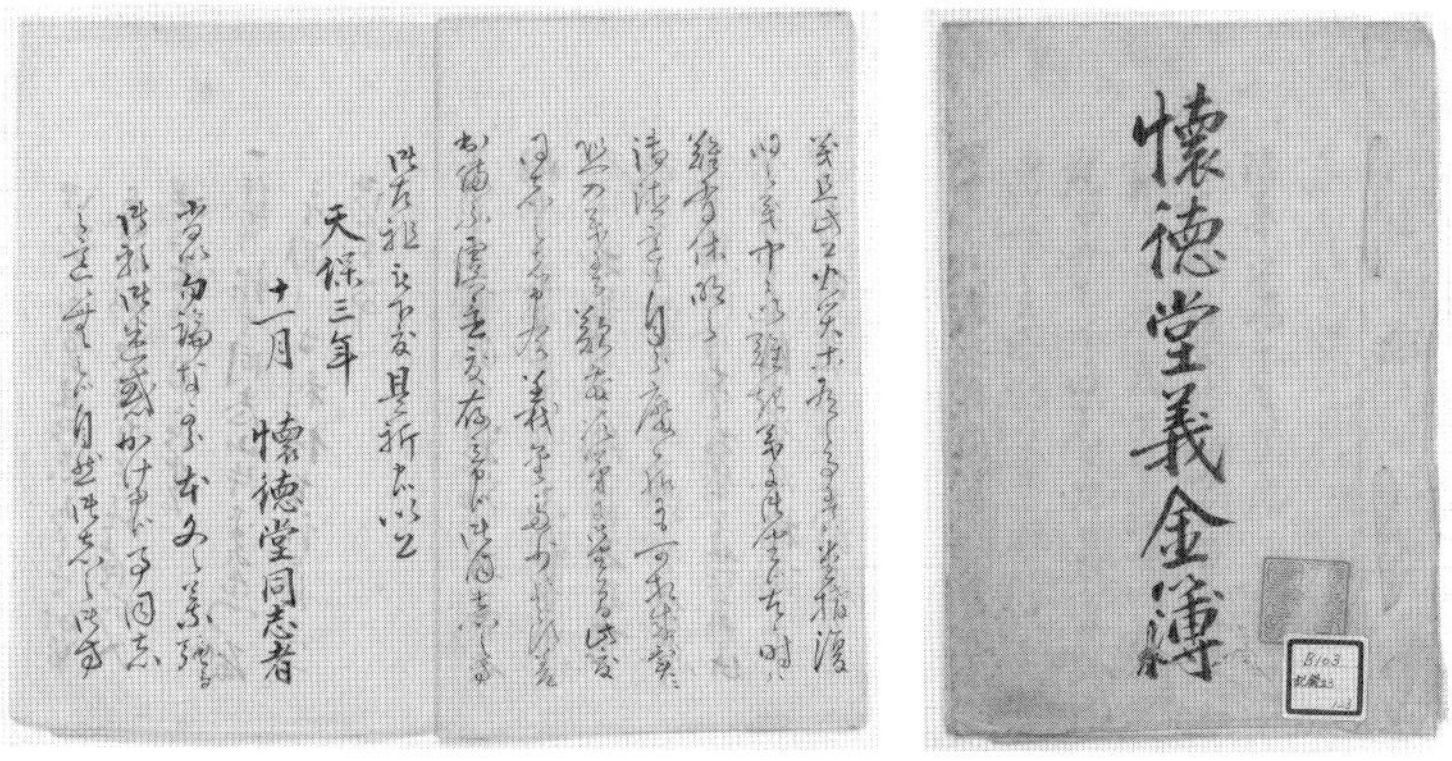

天保の義金簿

懐徳堂の経営

懐徳堂は、大坂の五人の有力町人の出資によって創設され、以後も五同志を中心とする同志会の醵金やその運用利益によって経営された。また、学則に相当する定書《さだめがき》・定《てい》約《やく》類からは、学費・聴講・席次などについて、身分制の当時としてはかなり自由な精神で臨んでいたことが分かる。さらに、懐徳堂記、懐徳堂書院掲示、懐徳堂内事記などの諸資料からは、第四代学主中井竹山によって規約が厳格に整備され、教育の充実がはかられたことが分かる。

懐徳堂《かいとくどう》義金簿《ぎきんぼ》

上段の義金簿は、安永九年（一七八〇）から天明四年（一七八四）までの五年間の義金積み立てとその使途、および貸付とその利息などを記録したもの。縦二八・四×横二一・三。筆者不明。所々に中井竹山の書き入れがある。冒頭に「天明元丑年（一七八一）十二月　懐徳堂同志」の趣意書を掲げた後、同志の義捐金および氏名を列記している。義金名簿には、白木屋彦太郎の「銀六貫目」を最高に、「銀三百目」までの義金が記され、その総額は一八貫九四匁に上っている（当時、米一石は約六十匁。上方人足の労賃は一日一人一匁二分程度）。

下段は、天保三年（一八三二）の義金簿。いずれも、懐徳堂の財政運営の一端を窺うことのできる貴重な記録である。

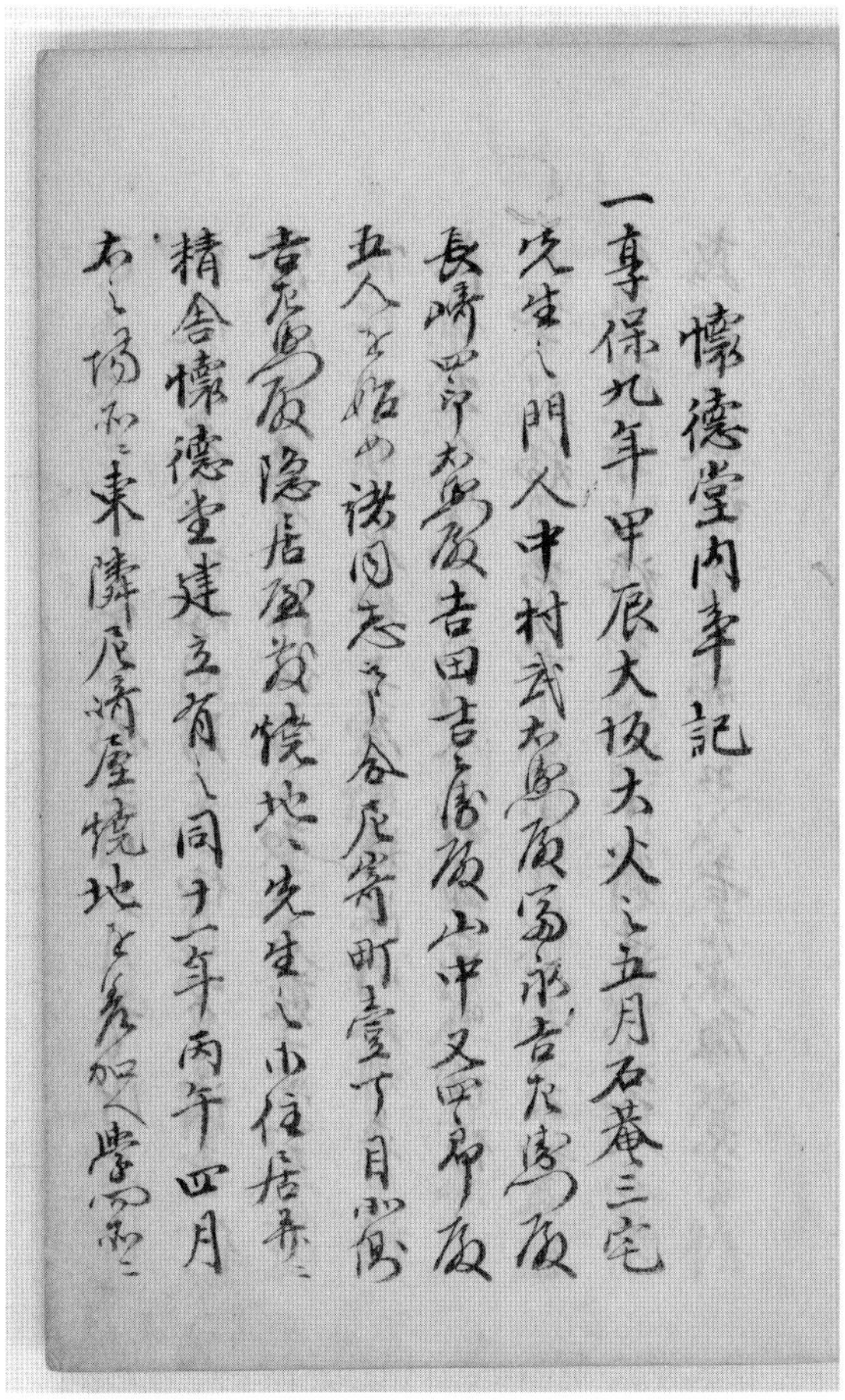

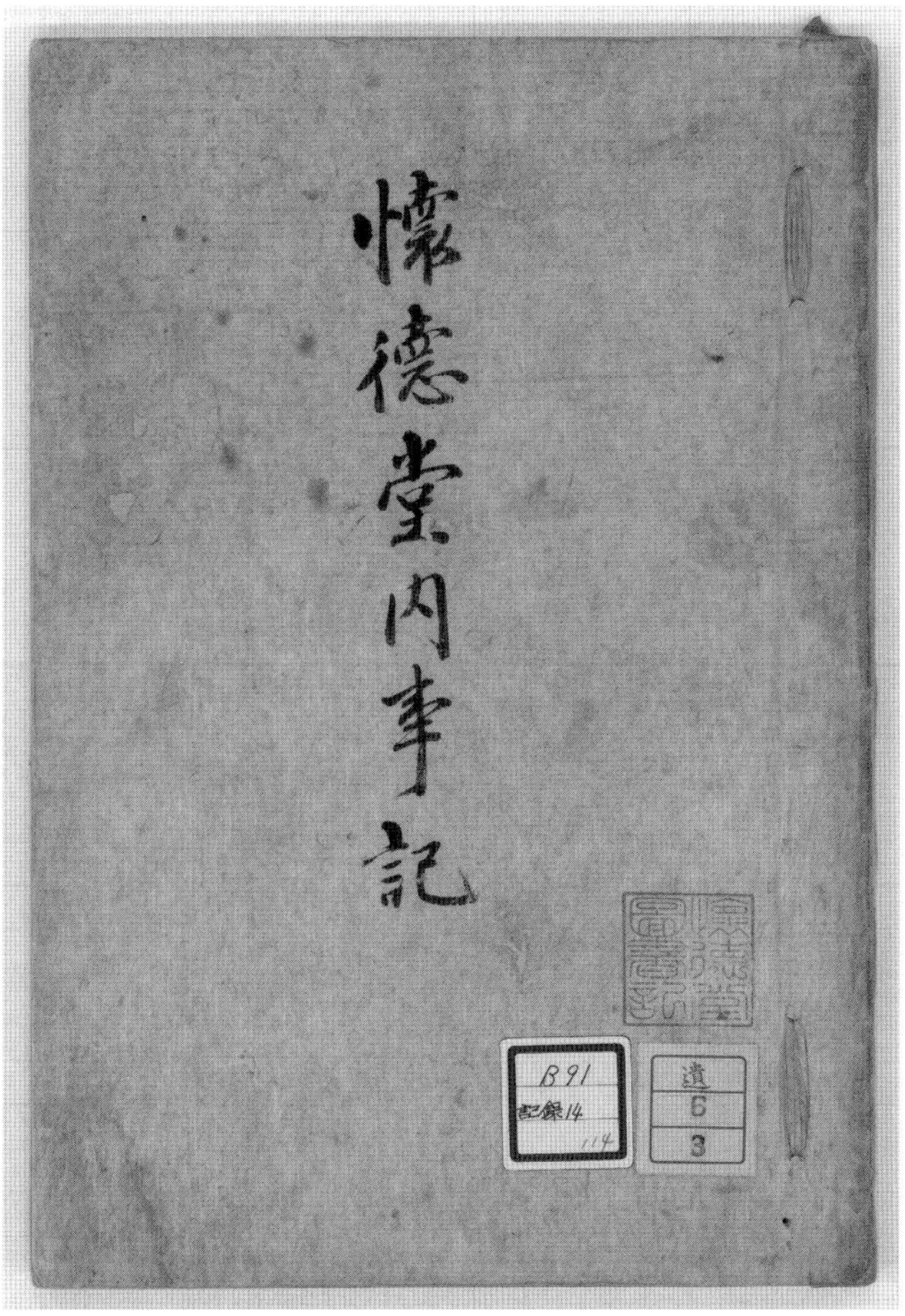

懐徳堂《かいとくどう》内《ない》事記《じき》

享保九年（一七二四）五月から、天明三年（一七八三）三月に至る約六十年間の、懐徳堂内の学事に関する事項を年代順に書いたもの。中井竹山の自筆で、竹山が預り人就任の頃から書き始めたものであるとされる。本文は全四十丁。『懐徳』十二号に「懐徳堂旧記」の一つとして活字翻刻されている。内容は、教授陣の顔ぶれ、授業カリキュラム、謝礼の支払いに関する規定、同好会のメンバーや、堂内の掲示、諸規定の改訂など学事に関わる六十六条が記載されている。懐徳堂の教育システムと実態を知る上で貴重な記録が数多く見られる。

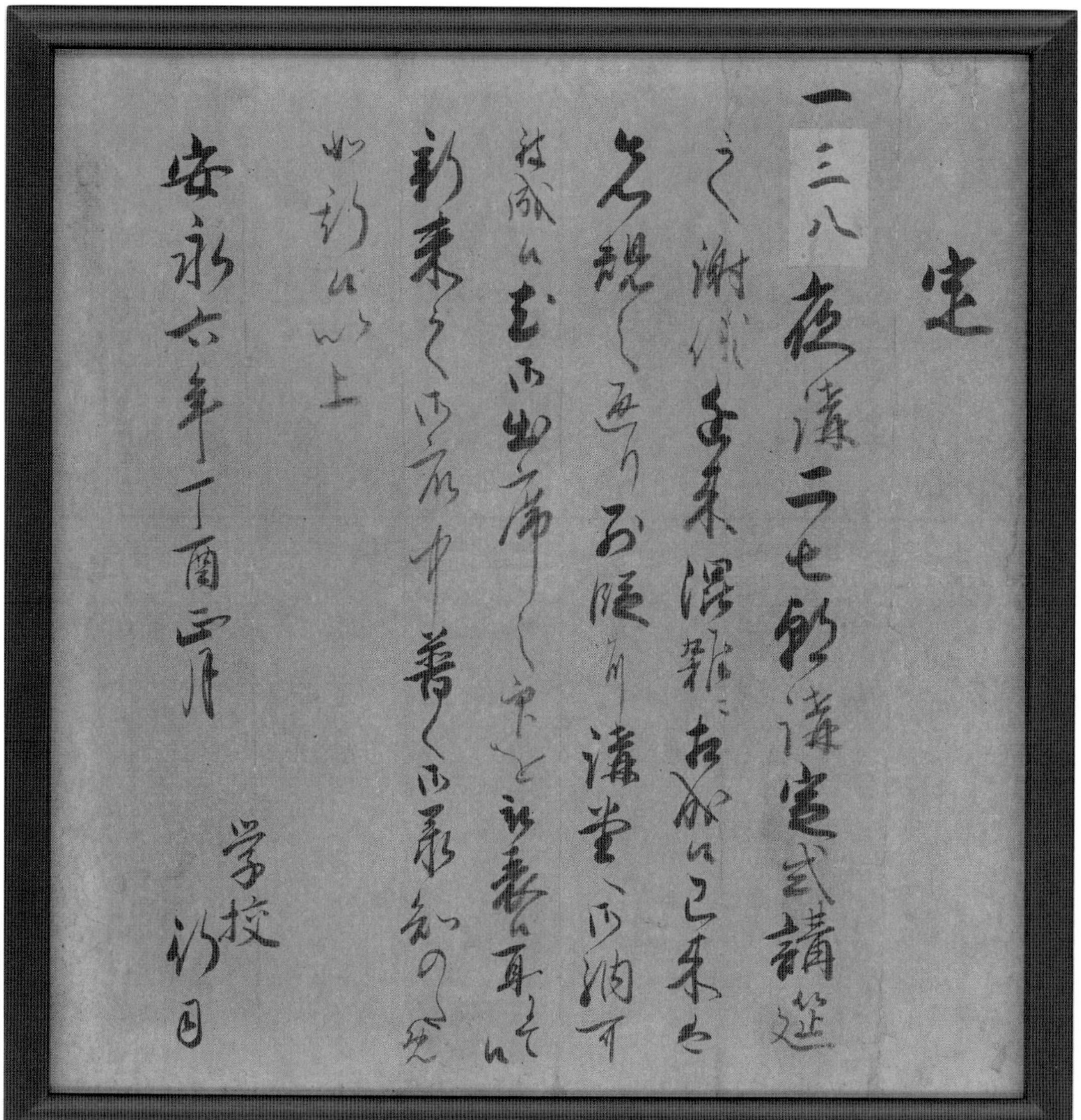

安永六年正月定書

懐徳堂の学則

懐徳堂の学則は、壁書、定約、定書などとして堂内や学寮に掲示された。それらは伝統的な儒教道徳を背景としながらも、当時としては、かなり自由な精神をもっていたことが分かる。

創建時の懐徳堂玄関に掲げられていた「壁書《へきしょ》」には、職業活動の前提としての「忠孝」の重要性が説かれる一方、席次について、講義開始後に出席した場合は、武家方と町人との区別はないとされていた。また、享保十一年（一七二六）制定の「謝儀」に関する規定では、礼をつくし気持ちを表して出席するのが第一であるから、貧しい者は規定にとらわれず、「紙一折」または「筆一対」でも良いと定めている。さらに、懐徳堂教育の在り方を示す代表的な定書「宝暦八年（一七五八）定書」（本書第一章前掲）には、「書生の交りは、貴賤貧富を論ぜず、同輩たるべき事」という著名な規定が見える。総じて、学校側からの高圧的な規定と言うよりは、学生相互の自律・自助を勧める内容となっている。

安永《あんえい》六年正月定書《さだめがき》一条

「安永六年（一七七七）丁酉正月　学校行司」の署名が見える。冒頭の「三八」は貼紙の上に記されており、訂正された可能性がある。受講の謝礼について、先の規定を補足する内容。

三八夜講、二七朝講、定式講筵の謝儀、近来混雑に相成り候。已に来たる者、先規の通り別段に講堂へ御納め成らるべく候。尤も御出席の印を表され候のみにて候。新来の御衆中、普く御承知のため斯くの如く候。以上。

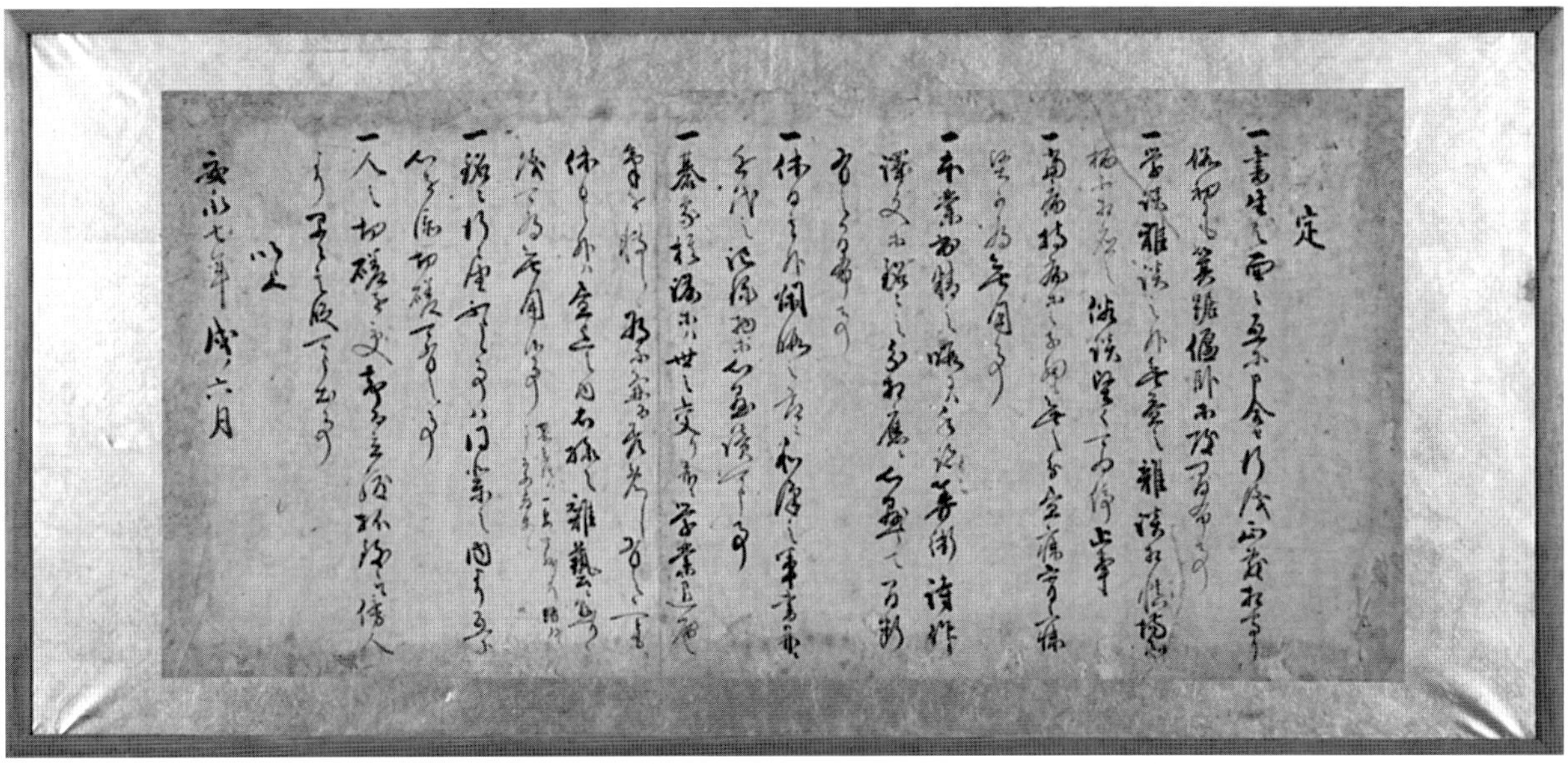

安永《あんえい》七年六月定《さだめ》全八条

懐徳堂内に寄宿していた書生の生活態度について、中井竹山が定めた最も代表的な規定。全八条。一面。縦三〇・七×横六六・四。『懐徳』十一号の中井木菟麻呂《つぐまろ》「懐徳堂遺物寄進の記」中に「懐徳堂壁署三面」の一つとして翻刻されており、その中で木菟麻呂は、「学校預り人（中井）桐園が毎休日の朝、寄宿生を講堂に集めて、読み聴かせられるのがきまりであった」と述べている。

第一条は、書生の面々互いに申し合わせて行儀を守り、かりそめにも箕踞《ききょ》（足を投げ出して座る）・偃臥《えんが》（ごろんとよこになる）などしてはならないとする。第二条は、学問に関する談義や典雅な話題の他は、無益の雑談を慎み、場所柄をわきまえ、卑俗な談義は堅く停止と規定する。第三条は、病気でもないのに、みだりに昼寝・宵寝をしてはならないとする。第四条は、学業の余暇には、習字・算術・試作・訳文など、各々に応じて心懸けることを説く。第五条は、休日やその他の余暇には、和訳の軍書や近代の記録物などを心懸けてよむべきこととする。第六条は、囲碁や将棋などは社交のため、また気分転換のためならば差し支えはないが、休日以外は日中そのような雑芸に関わってはならないとする。第七条は、互いに行き届かないことについては、同輩が互いに心をつかい、切磋することとするが、それが行き過ぎてトラブルになった場合には、第八条で、早々にその旨を申し出ることとしている。

総じて、学校側からの高圧的な規定と言うよりは、学生相互の自律・自助を勧める内容となっている。また、寄宿生の生活態度が極めて厳格に規定されていたことも分かるが、一方で、そうした規定が必要となるような実状のあったことも示唆されていて興味深い。

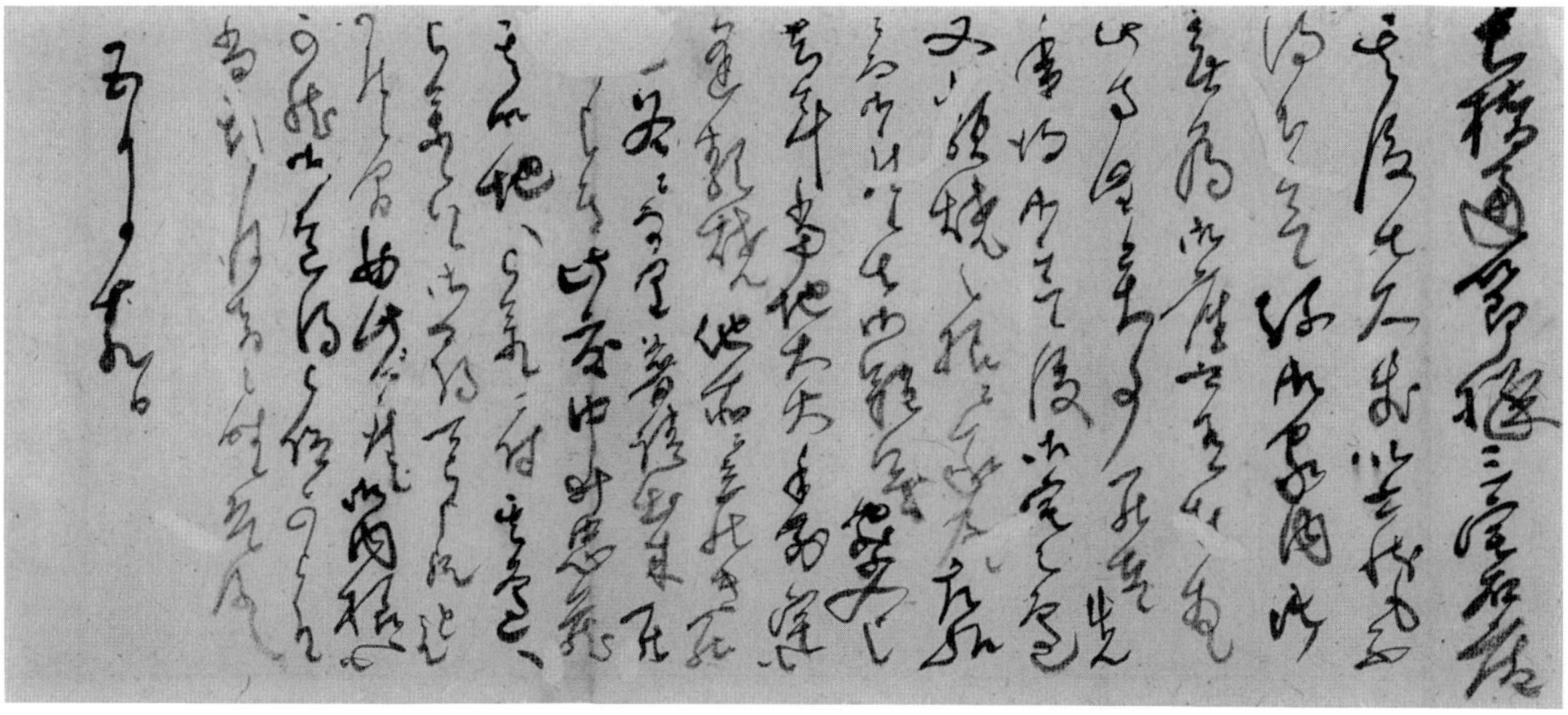

三宅石庵《みやけせきあん》

懐徳堂初代学主。名は正名《まさな》、号は石庵（石菴と表記されることもある）または萬年《まんねん》。一六六五〜一七三〇。五同志らに迎えられ、懐徳堂の初代学主に就任。官許の認可がおりた享保十一年（一七二六）に行った記念講義の筆記録が『論孟首章講義』（11頁参照）として残されている。初期懐徳堂の基礎を築いたが、諸学の良い点は何でも折衷して取り入れる学風は「鵺《ぬえ》学問」と称されることもあった。

三宅石庵書状《みやけせきあんしょじょう》

懐徳堂設立の翌年、三宅石庵が土橋道節へ宛てた書状。一帖。縦一五・三×横三四・一。本資料において石庵は、道節の住む江戸に火災が起きたことを見舞うとともに、前年に大坂に大火があり、自分も罹災して「他所」に避難したことを述べている。石庵の多松堂《たしょうどう》は、享保九年（一七二四）三月の大坂大火、いわゆる「妙知焼《みょうちやけ》」により焼失し、石庵はしばらく平野の含翠堂《がんすいどう》へ身を寄せていた。本資料には「五月十九日」の日付があり、享保十年（一七二五）五月に書かれたものと考えられている。なお、享保九年五月には懐徳堂が建立され、同年十一月には石庵が懐徳堂に居を移しているので、本資料は懐徳堂において書かれたものであろう。

また、本資料において石庵は「此度中井忠蔵其御地へ被参候」（このたび中井甃庵が江戸に参上する）と述べている。これは、享保十年五月に中井甃庵（忠蔵）や道明寺屋吉左右衛門・備前屋吉兵衛らが江戸に入り、設立まもない懐徳堂の官許を求めて運動したことを指す。懐徳堂の官許について石庵は当初消極的であり、享保九年の時点では、甃庵は懐徳堂の官許を求めていることを石庵に知らせず、運動のため江戸へ行く際にも、石庵に対しては行き先を偽るなどしていた。しかし本資料により、享保十年五月には既に石庵が甃庵の行動を容認していたことがわかる。

石庵の著作は、享保九年の大火により一旦すべて失われた。石庵の没後、息子の春楼が父の著述を蒐集したが、これも安永元年（一七七二）の盗難によって失われた。これらの事情により、石庵の著述としてまとまったものはほとんど残っていない。本資料は、石庵の手に係るものとしても貴重である。

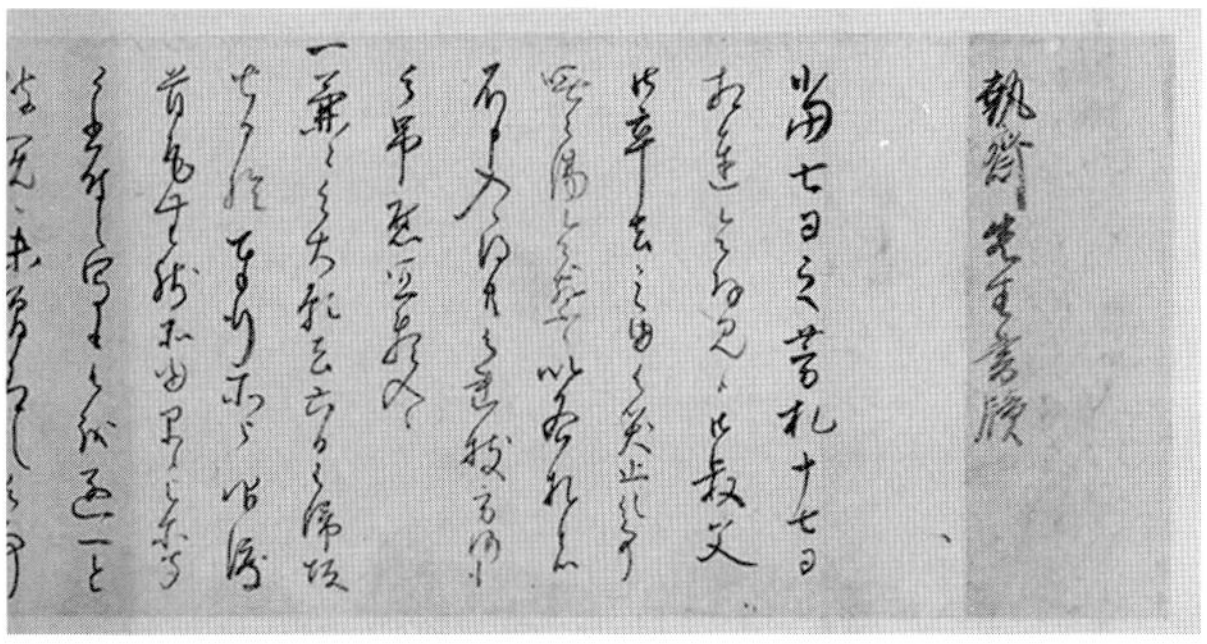

三輪執斎書状（冒頭）

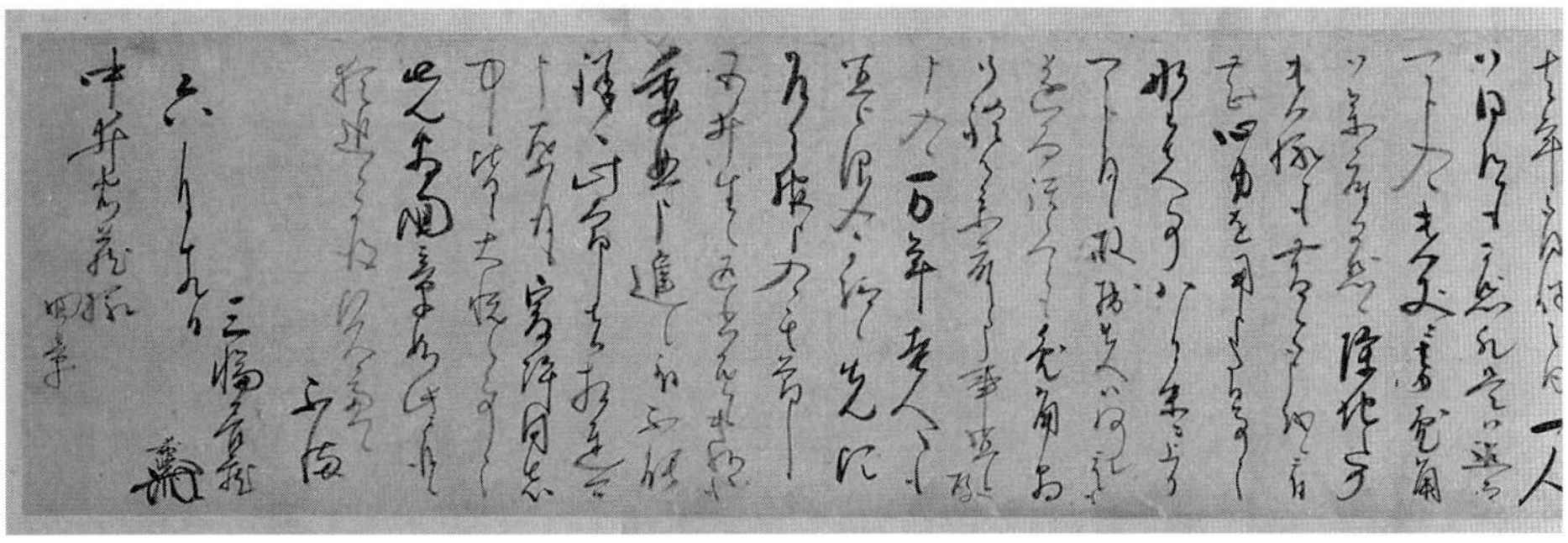

三輪執斎書状（末尾）

三輪執斎書状《みわしつさいしょじょう》

江戸中期の陽明学者として名高い三輪執斎《みわしつさい》（一六六九～一七四四）が中井甃庵《なかいしゅうあん》（懐徳堂第二代学主）に宛てた書状。一帖。縦一六・三×横一五六・〇。本資料において執斎は、懐徳堂が幕府によって官許されたことを祝い、官許のために奔走した甃庵の尽力を労《ねぎら》うとともに、「御礼」のため甃庵が江戸に来ることを勧める。本資料には「六月十九日」の日付があるが、懐徳堂は享保十一年（一七二六）四月に官許を受け、同年十月に官許学問所として最初の講義を行っている。従って本資料は、享保十一年六月に書かれたと考えられている。

享保八年（一七二三）、江戸の菅野兼山《すがのけんざん》が幕府より校地と資金とを与えられ会輔堂《かいほどう》を立てたが、時の将軍吉宗はこれに飽きたらず、京や大坂においても人物を得て学問所を設置したいとの意向を持っていた。享保九年（一七二四）にこれを伝え聞いた執斎は、石庵こそふさわしい人物であると考え、石庵の門人である甃庵に書状を送り、幕府の意向を伝えたのである。この享保九年の書状は懐徳堂の官許運動の発端となり、執斎は江戸にあって甃庵らの活動を大いに助けた。執斎は享保十一年の本書状において、懐徳堂の官許獲得を「未曾有の御事」とし、甃庵の「御手柄」と石庵の「徳光」とを讃え、「拙者に於ても本望大悦に存候」と述べている。執斎の石庵への傾倒ぶりを読みとれよう。

なお、本資料は、中井木菟麻呂編「学校建立文書」に収められており、「懐徳堂旧記拾遺」（『懐徳』十四号）に翻字されている。

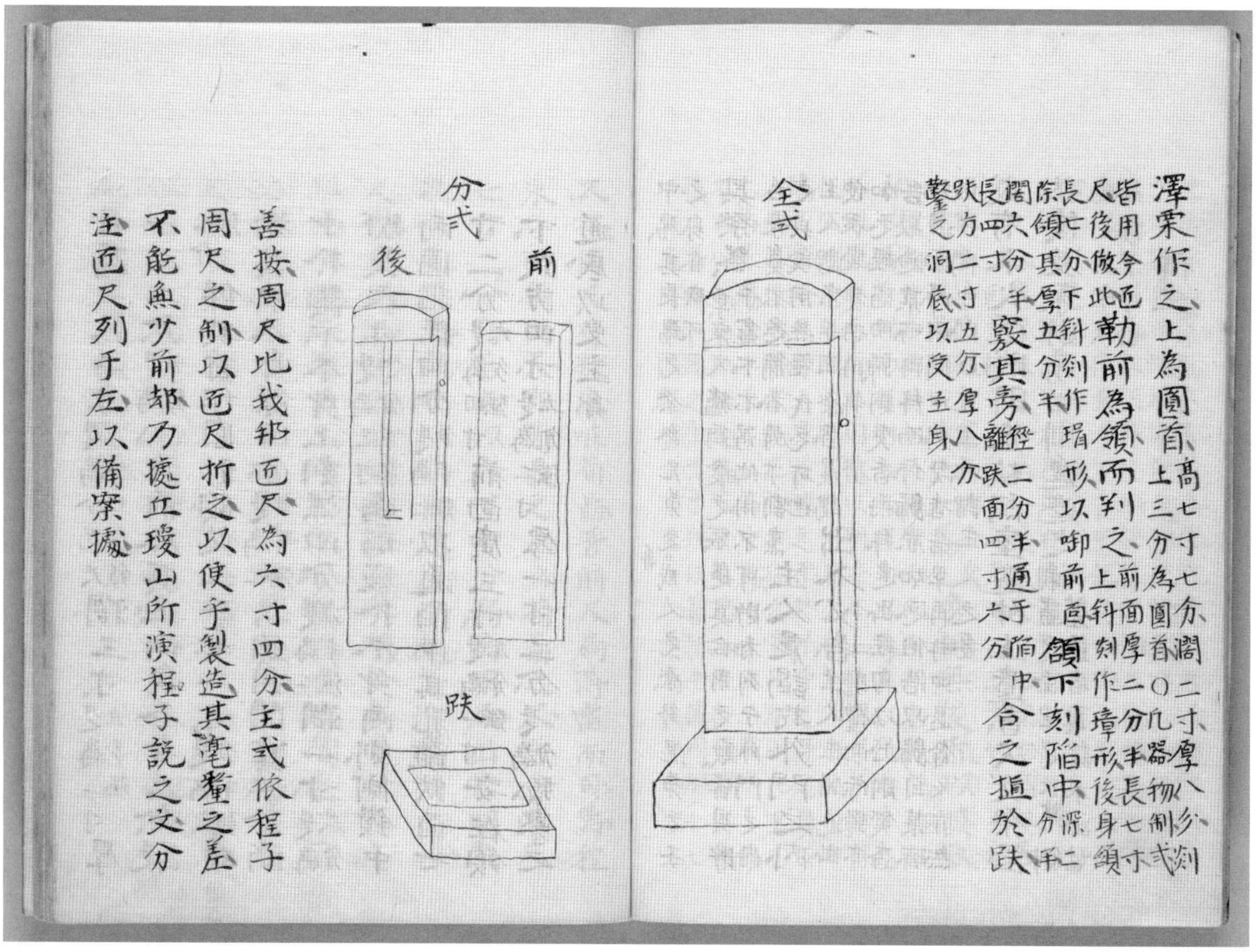

喪祭私説

中井甃庵《なかいしゅうあん》（一六九三～一七五八）

懐徳堂二代目学主。中井竹山・履軒兄弟の父。名は誠之《さねゆき》、通称は忠蔵《ちゅうぞう》・四郎。甃庵は号。諡《おくりな》は貽範《いはん》。元禄六年（一六九三）、播州龍野《ばんしゅうたつの》の生まれ。父は藩医中井玄端《げんたん》（一六四五～一七二〇）。宝永三年（一七〇六）、十四歳の時、一家で大坂に移住。十九歳の時、当時、尼崎町一丁目（現在の大阪市東区）に開塾していた三宅石庵に入門し、儒者の道を志した。享保十一年（一七二六）の懐徳堂官許に際しては、かねて面識のあった江戸の三輪執斎の援助を得て官許の獲得に奔走した。官許を得た後、懐徳堂に移り住み、初代預り人、二代目学主を務めた。懐徳堂の官許に消極的だったとされる三宅石庵に対して、甃庵は対外折衝や実務能力の才を発揮し、懐徳堂の展開に貢献したと言える。

喪祭私説《そうさいしせつ》

古礼の中で最も重要な「喪」「祭」二礼について漢文で説いた書。懐徳堂第二代学主中井甃庵の撰で、その子の竹山（名は積善）・履軒（名は積徳）の補訂を経ている。享保六年（一七二一）二月の自序によれば、その前年の七月、「先考《せんこう》（亡くなった父を指す呼称、即ち中井養元）」の逝去が執筆の動機となり、南宋・朱熹撰、明・丘濬輯の『家礼』に基づき、併せて我が国諸儒の書を斟酌し、また家庭の旧儀と師友から伝聞したものとを集めて一巻とし、「喪祭私説」と命名したものであるという。甃庵は、この書により、「我家（中井家）」に古礼の実践されていたものがあることを後人に知らしめ、それをもって祖先への「孝」を明らかにしようと考えたのである。

こうした甃庵の遺志は、その子竹山および履軒に継承された。宝暦八年（一七五八）、甃庵が没すると、その二年後の宝暦十年（一七六〇）、懐徳堂預り人に就任していた竹山は、弟の履軒とともに本書の補訂を行った。

本文全二十四葉では、「祠室」「神主」から「忌日」「祭禮餘考」まで、条ごとに『家礼』の説を踏まえつつ、考証を加えている。

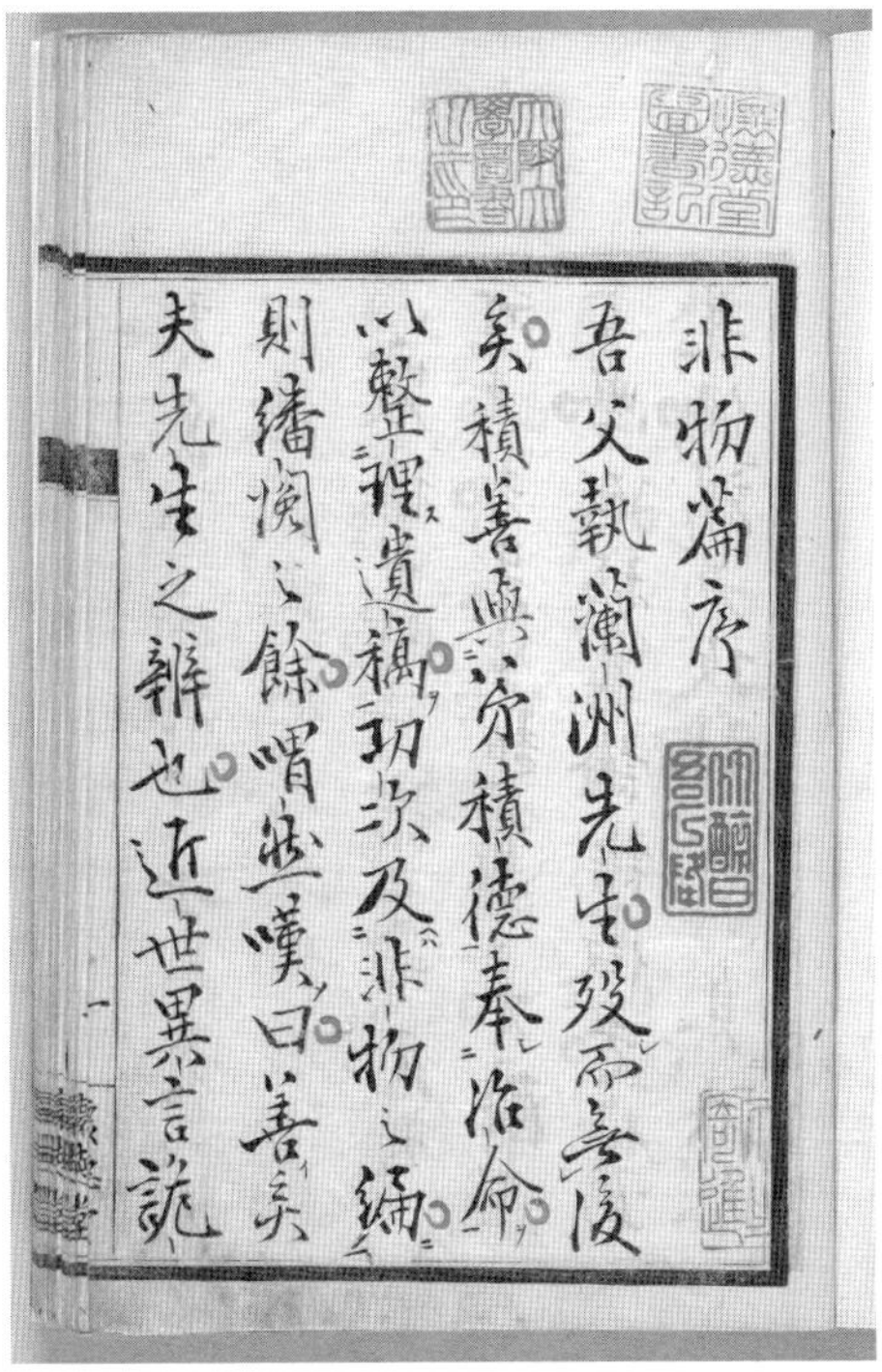

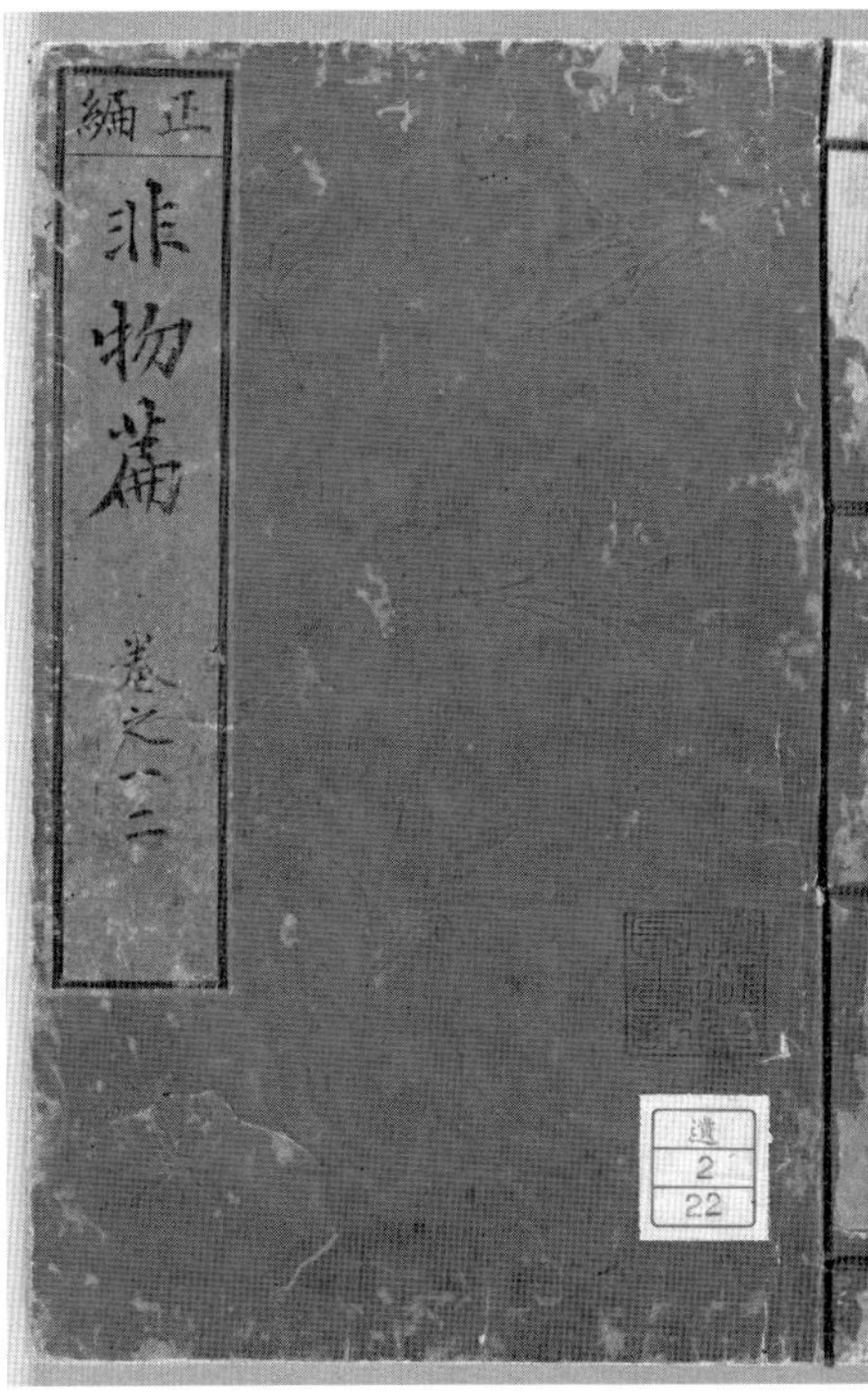

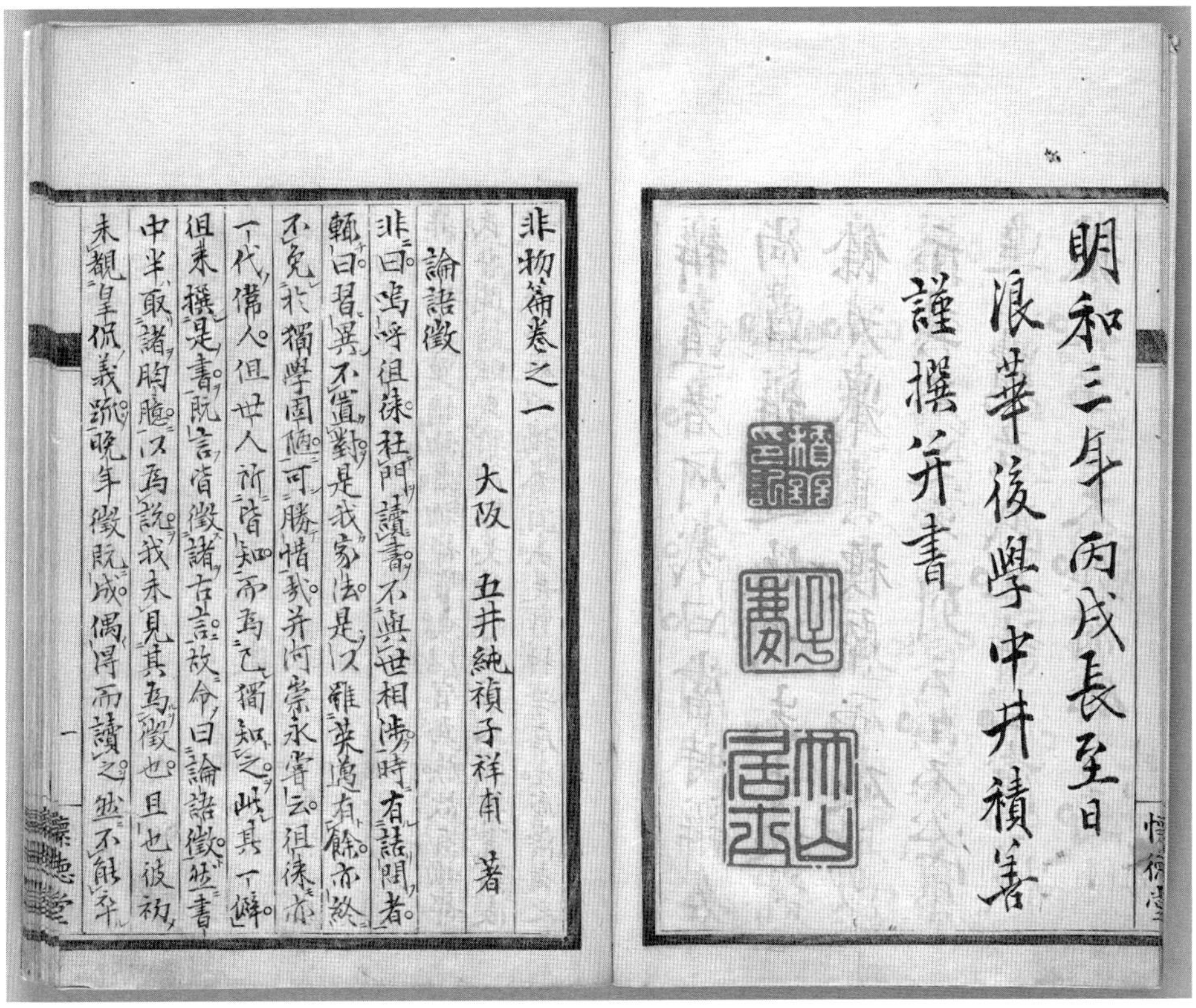

五井蘭洲《ごいらんしゅう》

江戸中期の大坂の儒者。初期懐徳堂で教鞭を執った。後に懐徳堂の黄金期を築く中井竹山・履軒兄弟の師。一六九七〜一七六二。

非物篇《ひぶつへん》

五井蘭洲の主著で、荻生徂徠の『論語徴《ちょう》』を批判したもの。蘭洲は江戸在住中に荻生徂徠の著に触れ、本書の執筆を開始、蘭洲没後四年にあたる明和三年（一七六六）、中井竹山によって校訂・浄書された。全六冊からなる本書は、総論である「論語徴」「物茂卿」を筆頭に、厳しい徂徠批判に終始している。

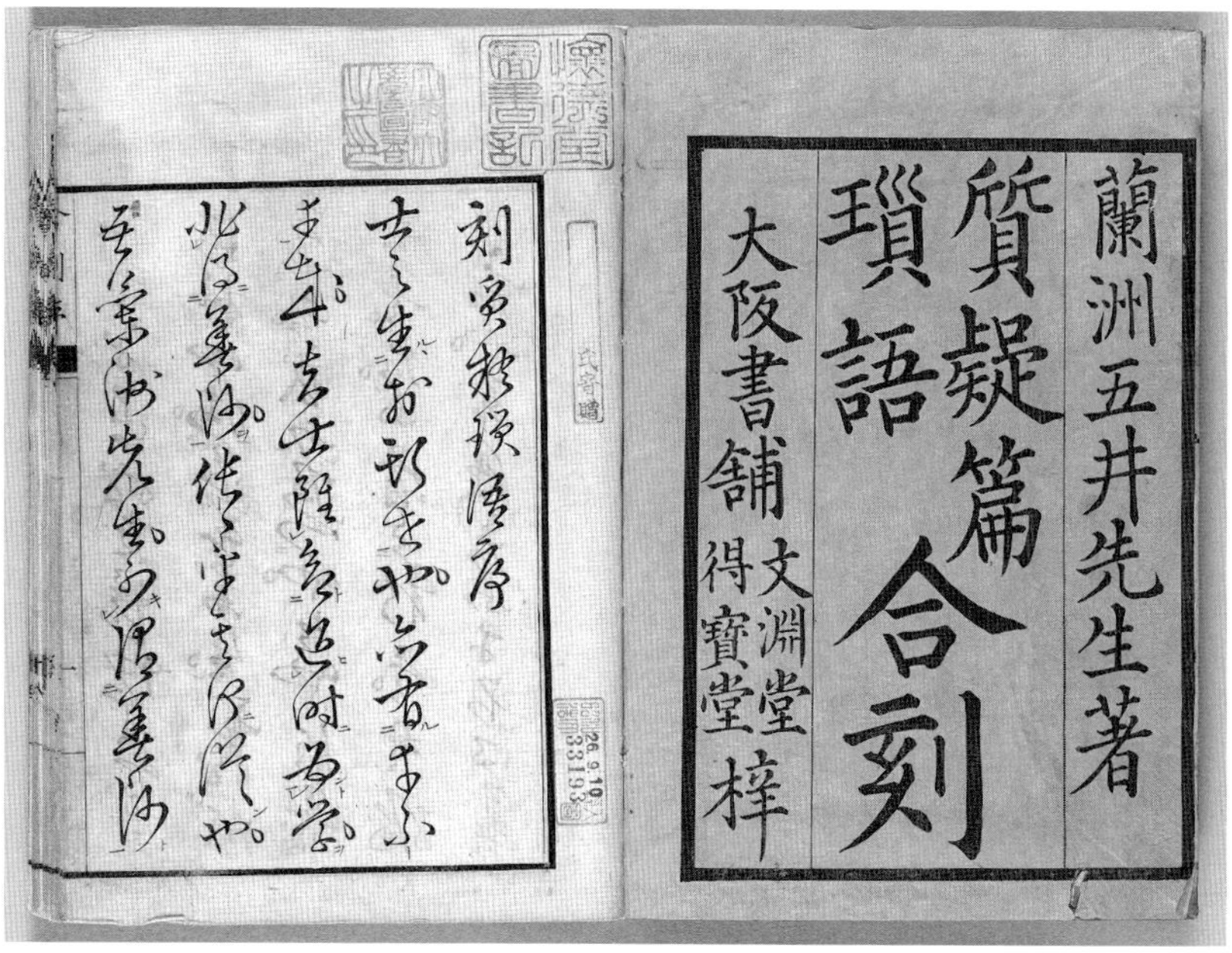

質疑篇

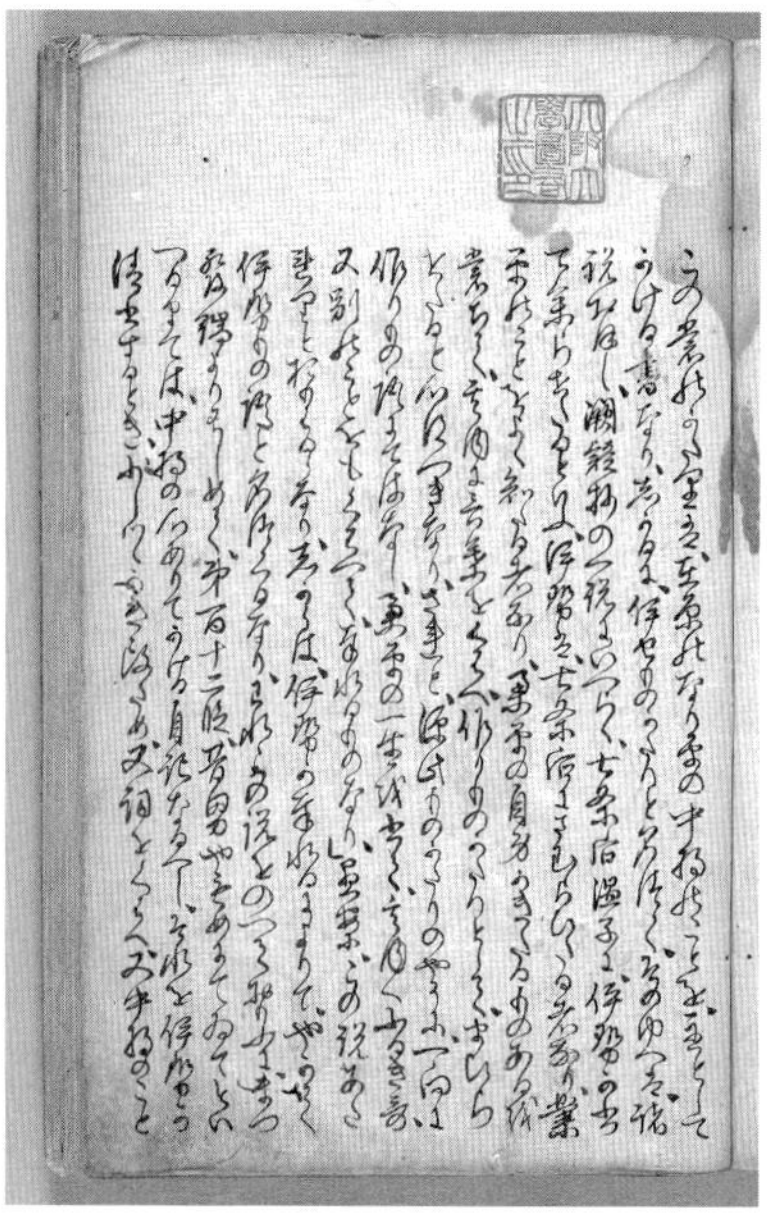

勢語通

質疑篇《しつぎへん》

五井蘭洲が漢文によって著した随筆。本書は中井竹山・中井履軒によって校訂され、同じく蘭洲の『瑣語《さご》』とともに、明和四年（一七六七）に大坂の文淵堂・得宝堂から刊行された。普段から中国の経学あるいは歴史の書を読んで、疑問に感じた点があるたびに記しておいた文章を識者に質すために集録して一篇となしたという。

なお、本書には、『論語』に関する蘭洲の意見が多数掲載されているが、その中には、荻生徂徠の『論語徴』に対する批判をうかがわせるものも多い。後に、それらが集大成され、主著の『非物篇』に至ったと推測される。

勢語通《せいごつう》

五井蘭洲が日本古典の歌物語『伊勢物語』に施した注釈。蘭洲の自筆本で、内巻上下・外巻上下の四冊からなり、宝暦元年（一七五一）の成立。大きな特色は、彼の業平観である。蘭洲は業平を〈高貴の血筋に生まれ忠孝の徳をそなえながら、皇室の威勢が藤原氏に奪われた世にあって不遇をかこつ義気奮発の人〉とみなし、中国古代の不遇の忠臣・屈原《くつげん》になぞらえる。

なお、蘭洲は日本古典に通じた儒者で、『勢語通』の他、『万葉集詁《まんようしゅうこ》』『源語詁《げんごこ》』『源語提要《ていよう》』『古今通』などの著がある。

第三章　懐徳堂の「知」の展開

中井竹山「子慶氏」印

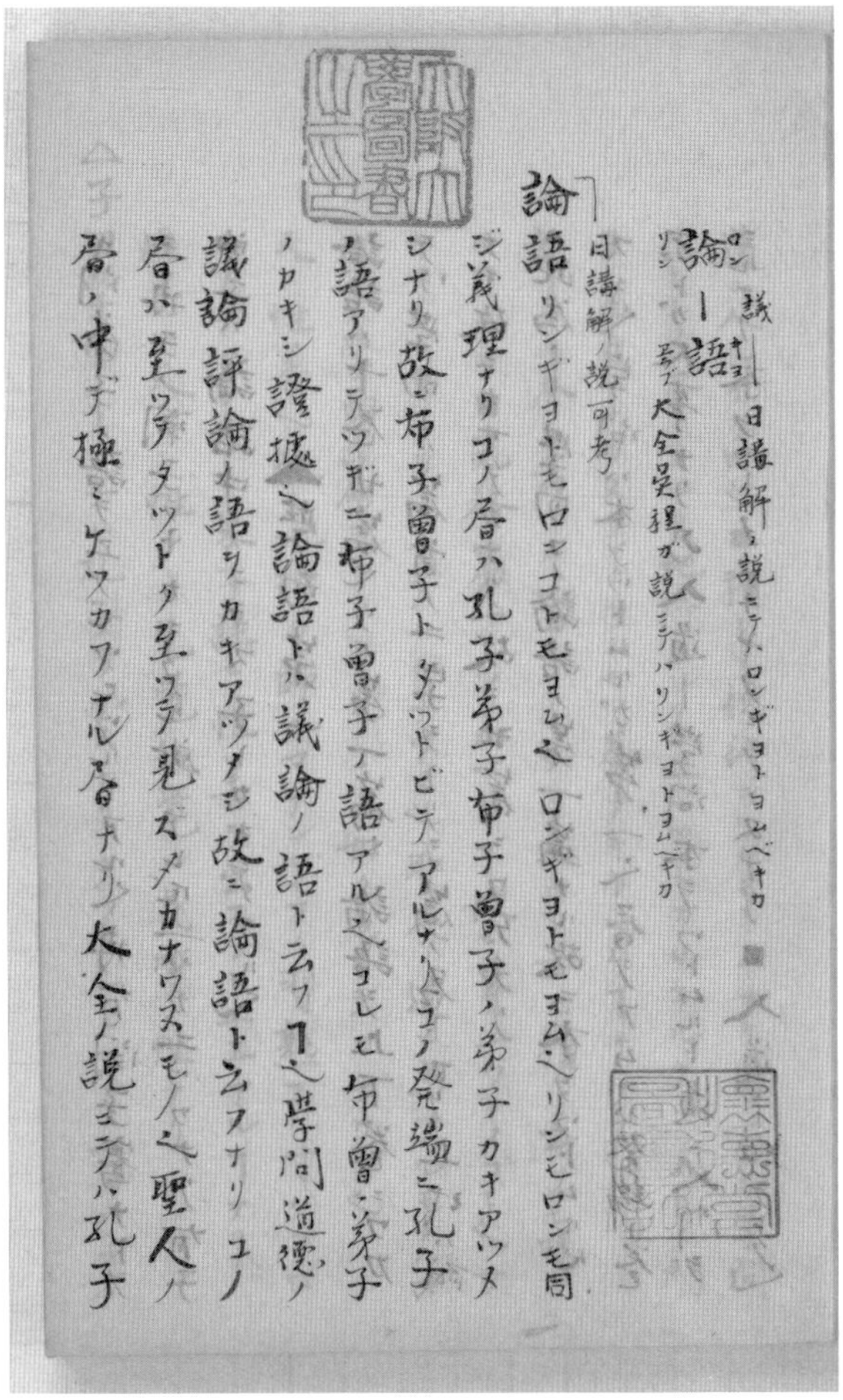

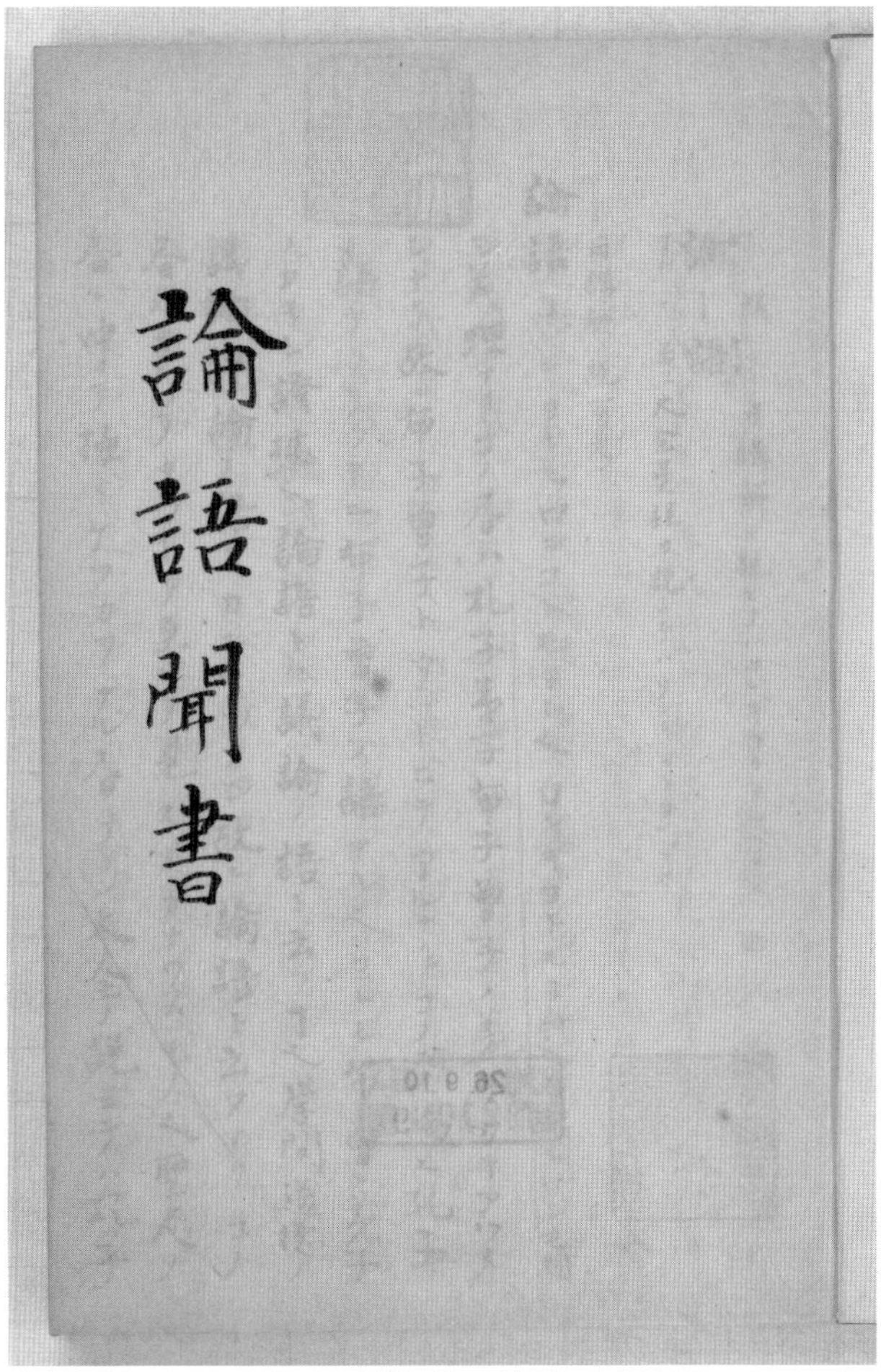

論語聞書《ろんごききがき》

初期懐徳堂の『論語』講義の様子を示す資料。三宅石庵・五井持軒による『論語』の講義を、受講者が速記し、後に改めて清書したもの。三宅石庵は懐徳堂初代学主、五井持軒は五井蘭洲（竹山・履軒の師）の父。全六冊からなり、『論語』全編の講義が収められている。文章は漢字片仮名交じりの口語体で、石庵・持軒の口吻《こうふん》そのままに記録されている。各冊末尾の識語によると、一・六冊目が筆記されたのは宝永三年（一七〇六）、二・三冊目は正徳二年（一七一二）、四冊目は正徳三年（一七一三）である。また、講義をした人物は一〜三冊は五井持軒、六冊目は三宅石庵であったことが分かる。ただし、四冊目には講義者の名が記されておらず、五冊目には識語がない。

講義が行われたのは懐徳堂創立（一七二四）以前であるが、すでに石庵と持軒とは親交があった。また、持軒の門人たちが後に石庵の門下生となり、懐徳堂創設に深く関わっていた。従って、本書は草創期懐徳堂の学問的状況を知る上で、極めて貴重な資料である。講義は、朱子『論語集注《しっちゅう》』をテキストとしているが、受講者の大半が大坂の町人であったため、初学者にも理解できるよう、実生活に即した例をあげ、受講者を教化しようとする姿勢がうかがえる。

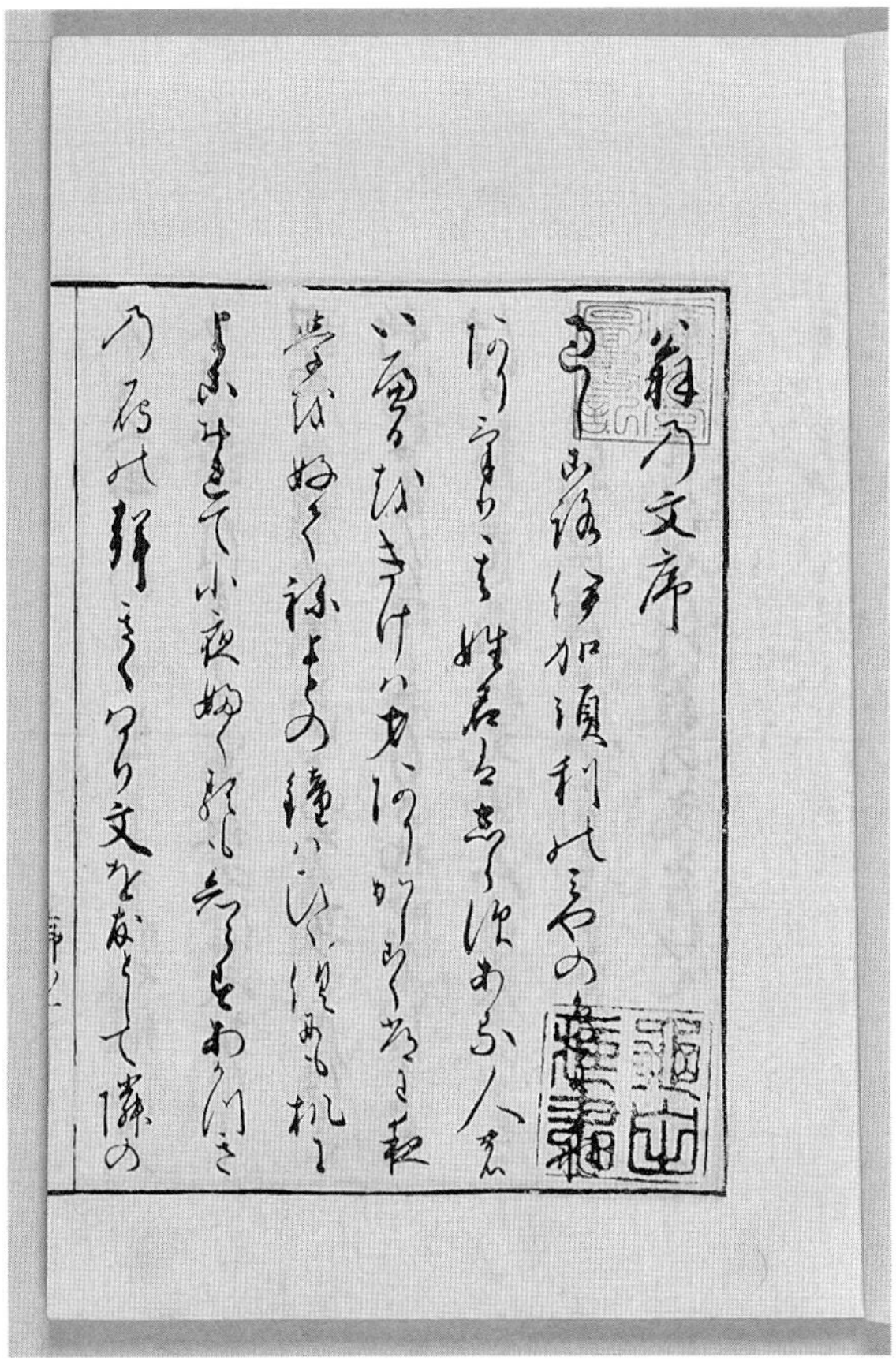

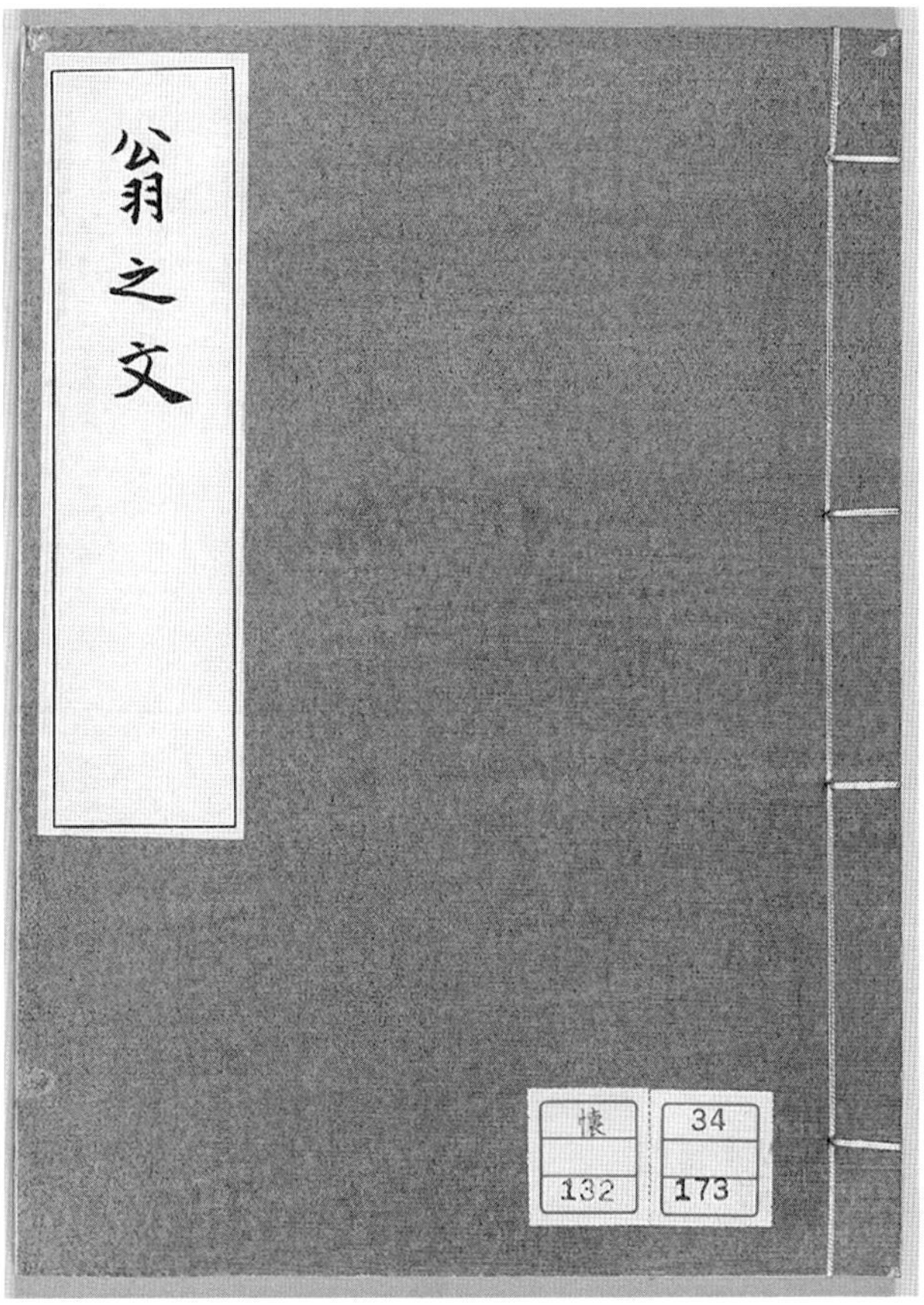

翁《おきな》の文《ふみ》

富永仲基《とみながなかもと》（一七一五〜一七四六）の主著の一つ。神道、儒教、仏教を批判し、「誠の道」を説いたもの。ある老人が語った話として著述しているため、『翁の文』と名づけている。その立場は、特定の教説にとらわれることなく、それぞれの教説を相対化することであった。そして、自らが主張するのは、当時実際に認められていたところの道徳、すなわち「誠」であった。

仲基は本書の中で「加上説《かじょうせつ》」を説く。それは、『翁の文』第九節に「古より道をとき法をはじむるもの、必ずそのかこつけて祖とするところありて、我より先にたてたる者の上を出んとする」とあるように、新しい教説をたてる者は、先行の教説を凌駕しようとして、より古い権威を持ち出してくる、という説である。その結果、一見古いように見える教説が、実は後出の説であることもあり得る、と言うのである。

なお、富永仲基は、江戸中期の大坂の思想史家。字は子仲また仲子。通称・道明寺屋《どうみょうじや》三郎兵衛《さぶろべえ》。懐徳堂を創建した五同志の一人である道明寺屋吉左衛門《きちざえもん》（富永芳春）の三男。三宅石庵に学んだ。

後に内藤湖南は、実証的に経典の歴史的生成過程を解明しようとした仲基の研究方法を、高く評価した。

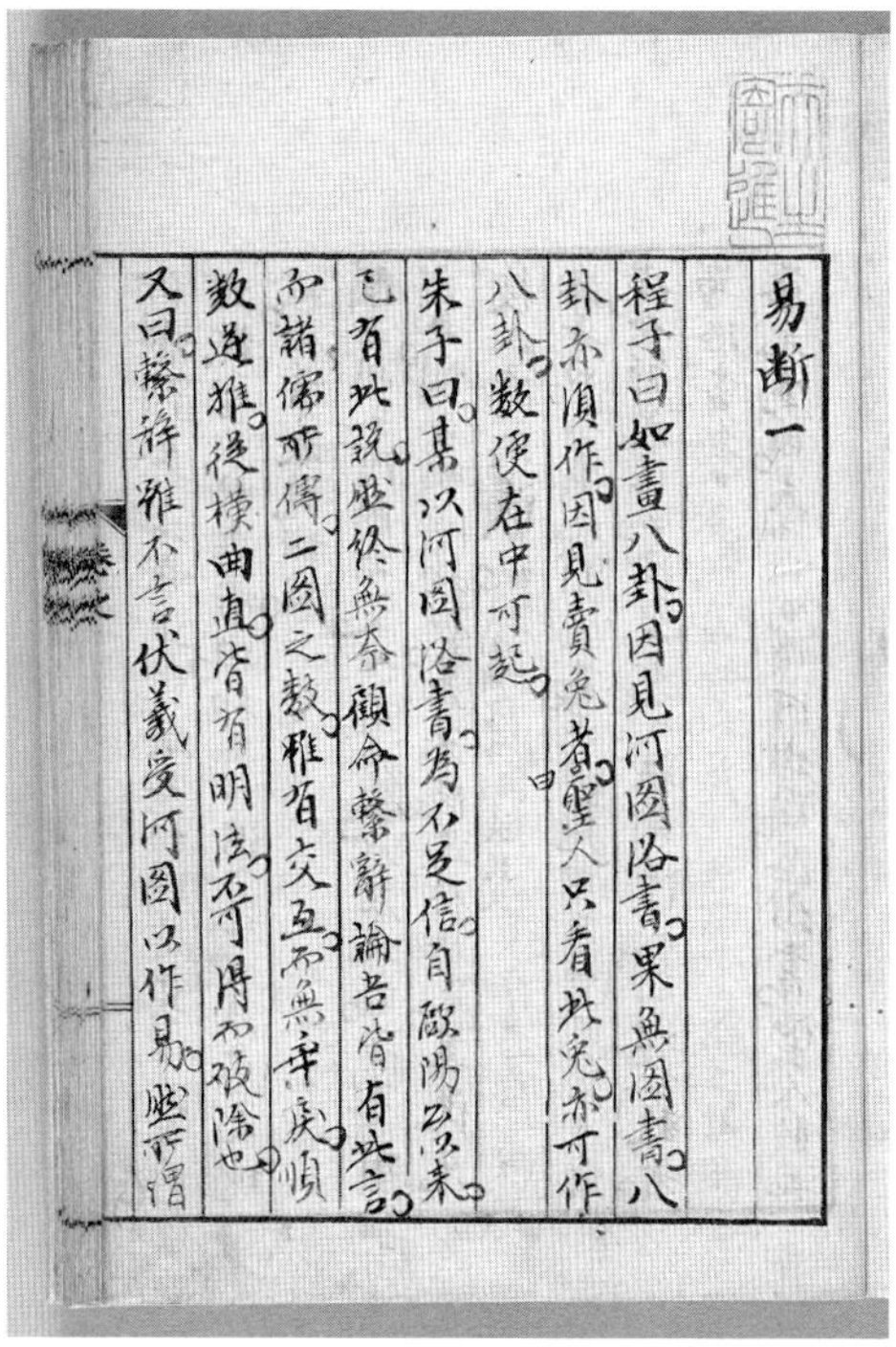
易断一
程子曰如畫八卦因見河図洛書果無図書八
卦亦須作因見賣兎者聖人只看此兎亦可作
八卦数便在中可起
朱子曰某以河図洛書為不足信自欧陽公以来
已有此説然終無奈顧命繋辞論語皆有此言
而諸儒所傳二図之数雖有交互而無乖戻順
数逆推従横曲直皆有明法不可得而破除也
又曰繋辞雖不言伏羲受河図以作易然所謂

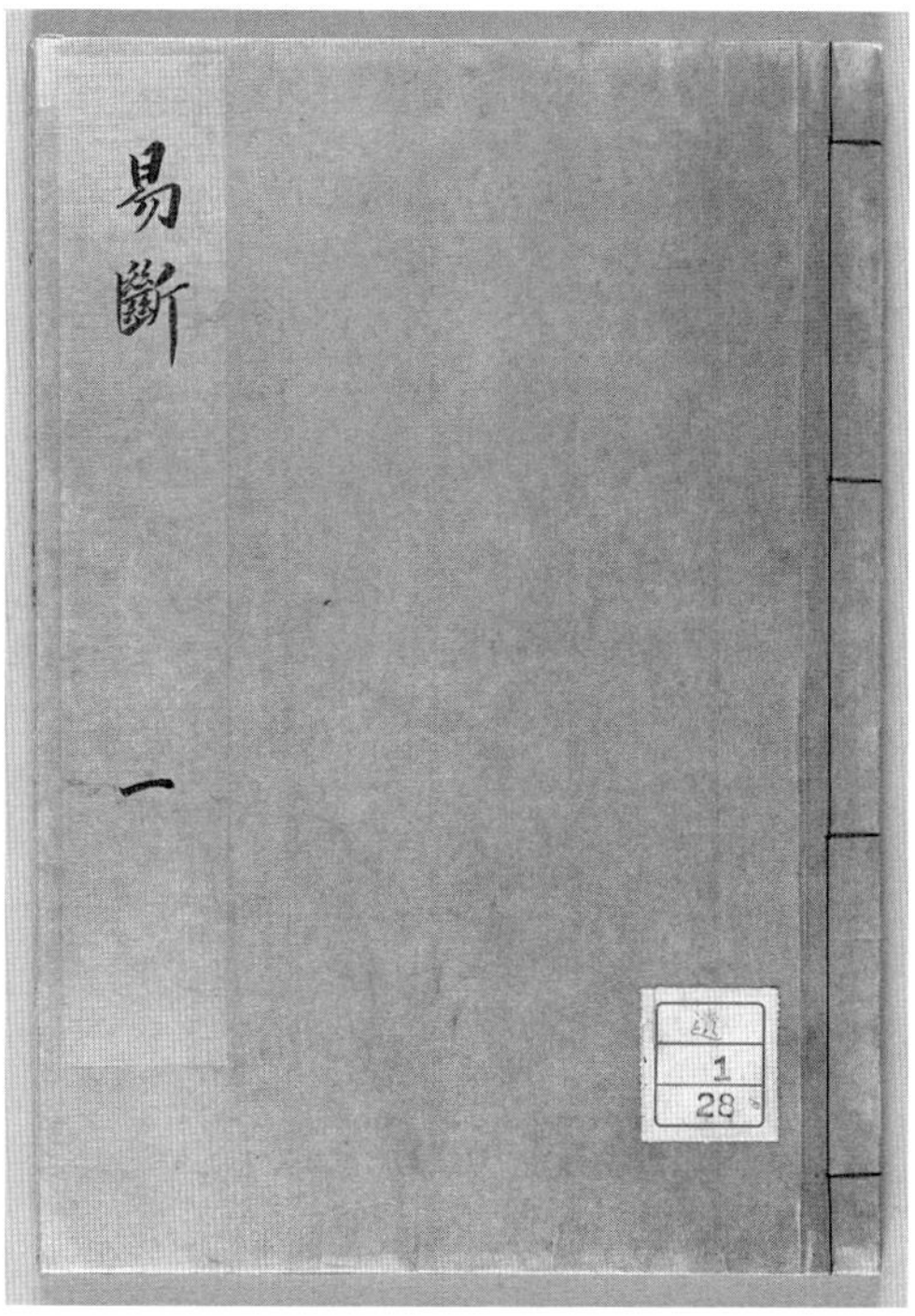

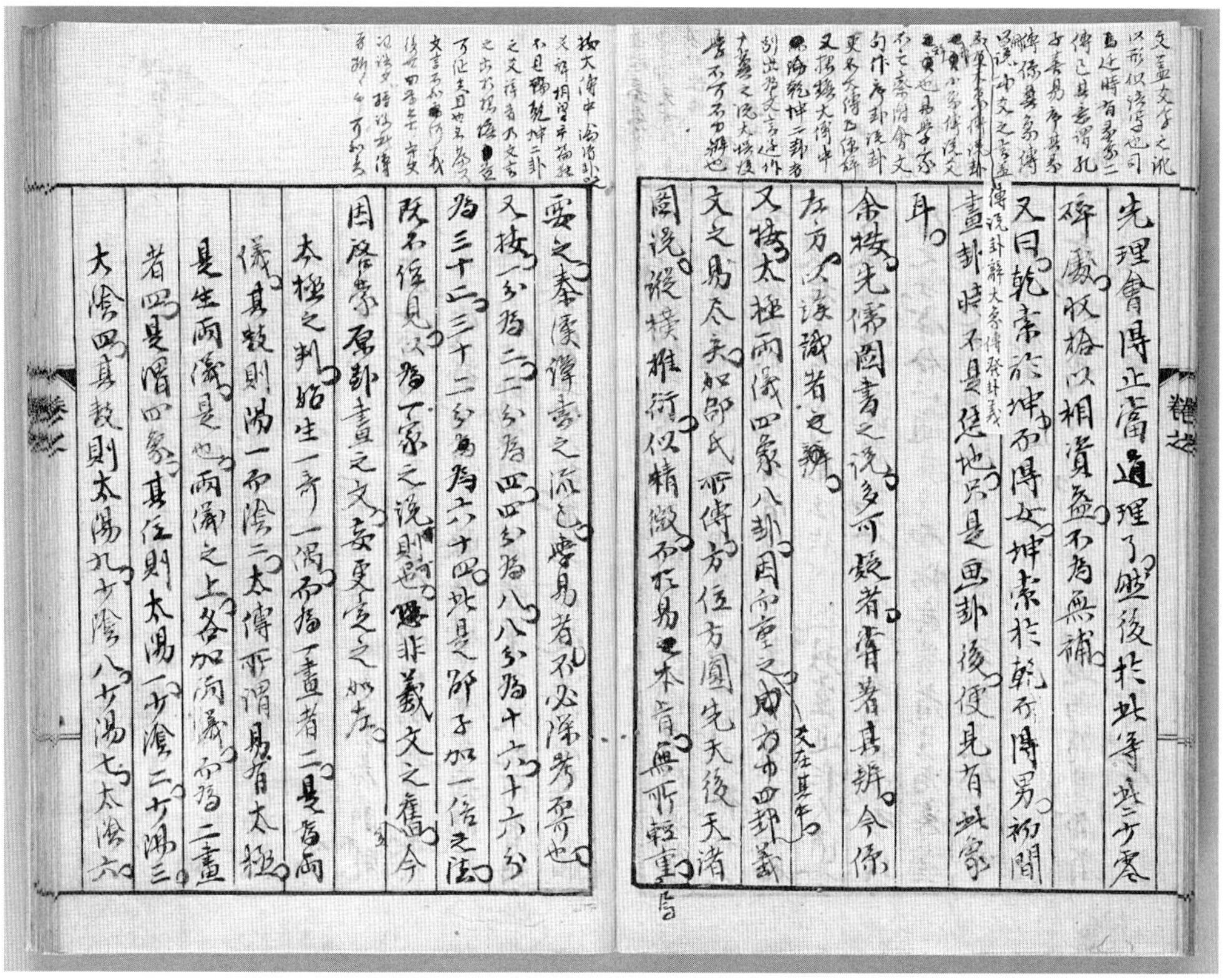
先理會得正當道理了然後於此等些子零
砕處收拾以相資益不為無補
又曰乾索於坤而得女坤索於乾而得男初間
畫卦時不是恁地只是畫卦後便見有此象
耳
余按先儒図書之説多可疑者嘗著其辨今係
左方以俟識者之辨
又按太極両儀四象八卦因而重之（爻在其中）而六十四卦羲
文之易悉矣加邵氏所傳方位方圓先天後天諸
図説縦横推衍似精微而於易也本旨無所軽重
要之秦漢讖緯之流也学易者不必深考而可也
又按一分為二二分為四四分為八八分為十六十六分
為三十二三十二分為六十四此是邵子加一倍之法
既不係見以為一家之説則可也豈非羲文之旧今
因啓蒙原卦畫之文妄更定之如左
太極之判始生一奇一偶而為一畫者二是為両
儀其数則陽一而陰二太傳所謂易有太極
是生両儀是也両儀之上各加両儀而為二畫
者四是謂四象其位則太陽一少陰二少陽三
太陰四其数則太陽九少陰八少陽七太陰六

中井竹山《なかいちくざん》

懐徳堂第四代学主。中井甃庵の長男。名は積善《せきぜん》、字は子慶《しけい》。一七三〇～一八〇四。弟の履軒とともに懐徳堂の黄金期を築いた。

易断《えきだん》

中井竹山の『周易《しゅうえき》』に対する注釈書。全五冊。一般に、竹山は詩文に優れ、その弟の履軒は経学に優れていたとされるが、竹山の経書注釈には、『易断』の他に、『詩断』『礼断』『四書断』がある。中でも『易断』は最も内容の完備したものとされており、「善按」「余按」「愚按」（私が考えるに、という意味。「善」は竹山の名、積善による）として、竹山独自の注釈が記されている。

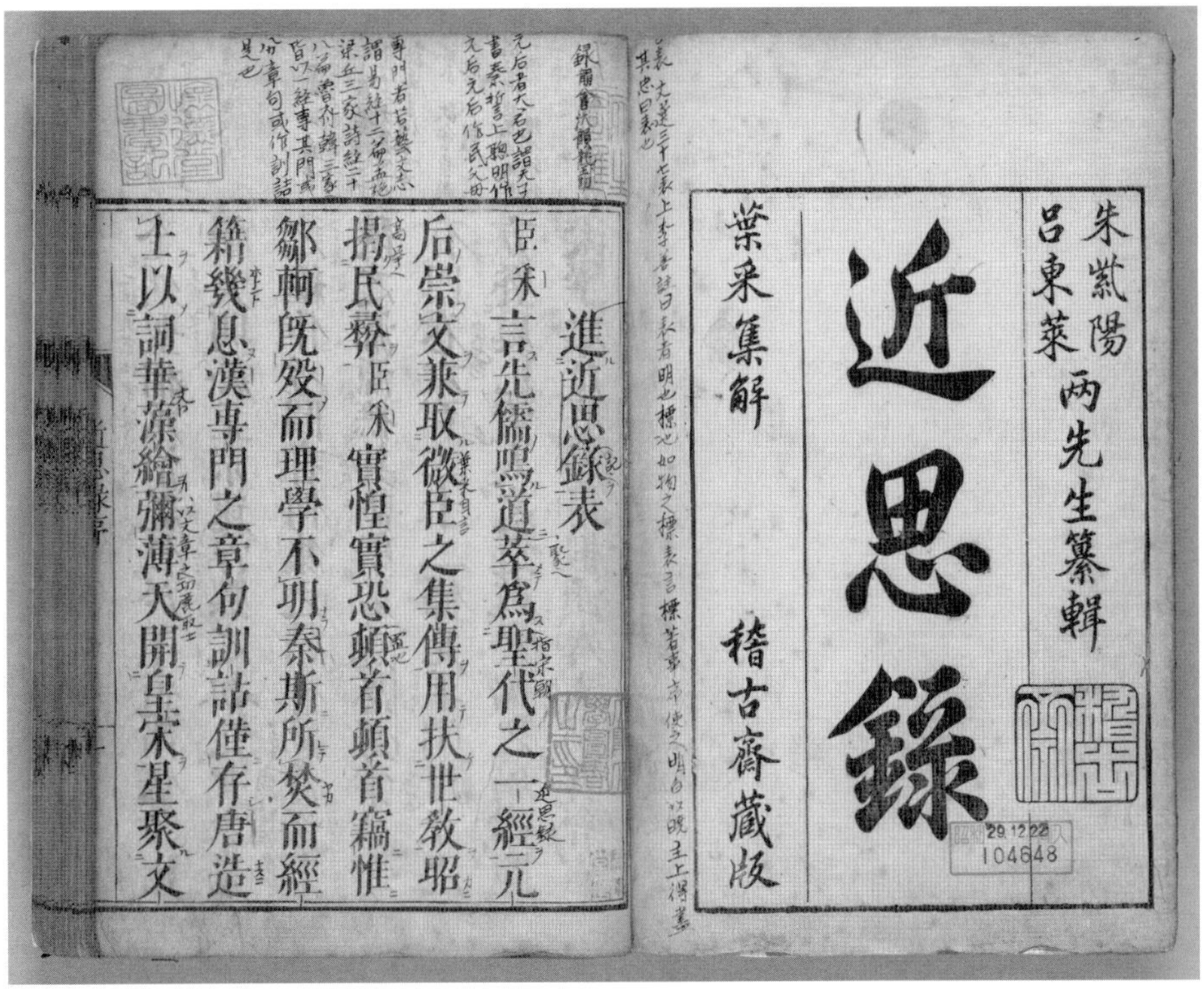
朱紫陽 呂東萊 両先生纂輯

近思録

葉采集解 稽古齋藏版

進近思録表

臣采言先儒鳴道萃爲聖代之一經允后崇文兼取微臣之集傳用扶世教昭揭民彝臣采實惶實恐頓首頓首竊惟鄒軻既歿而理學不明秦斯所焚而經籍幾息漢專門之章句訓詁僅存唐造士以詞華藻繪彌漫大開皇宋奎聚文

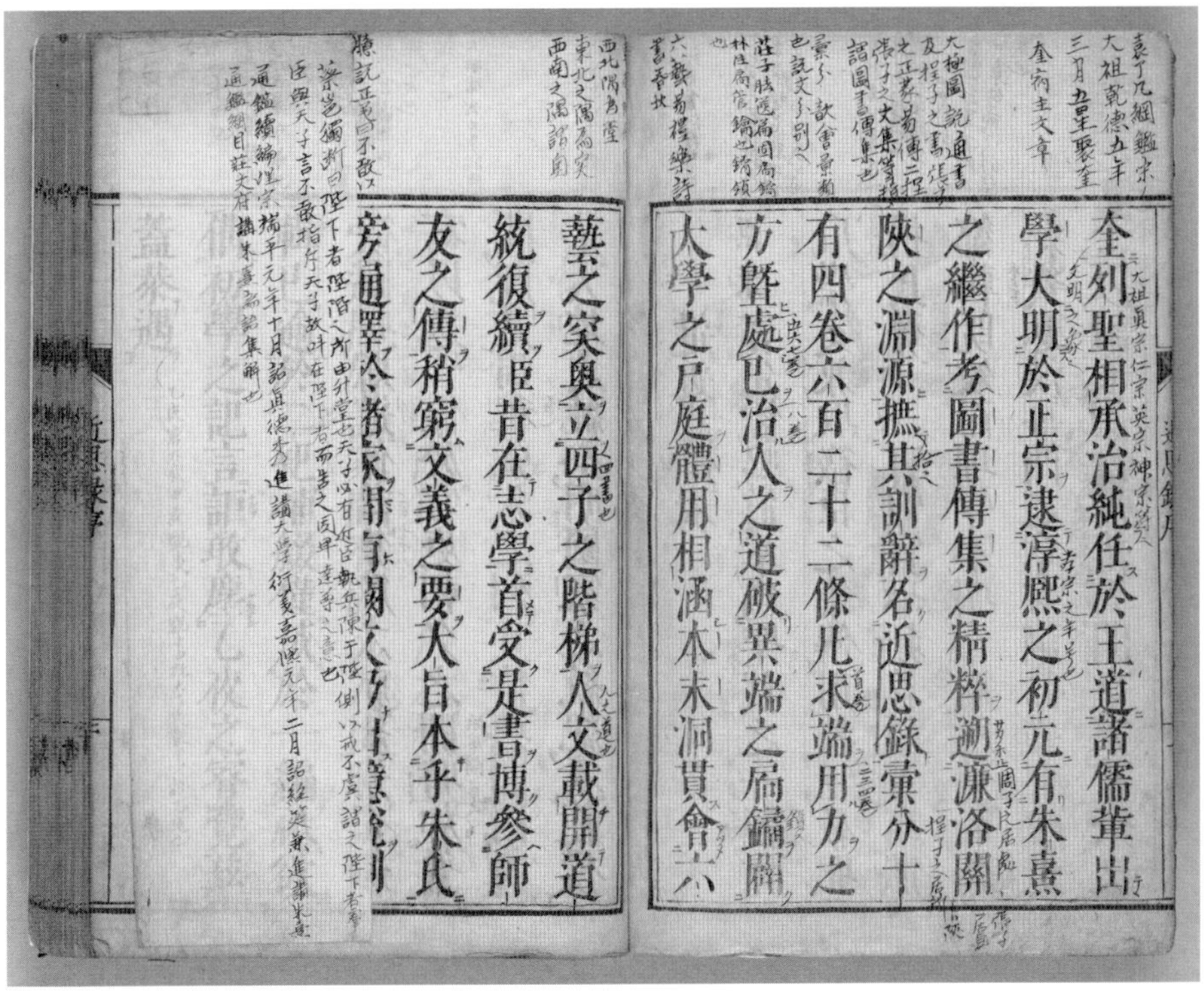
奎列聖相承治純任於王道諸儒華出學大明於正宗逮淳熙之初元有朱熹之繼作考圖書傳集之精粋遡濂洛關陝之淵源摭其訓辭名近思録彙分十有四卷六百二十二條凡求端用力之方暨處己治人之道破異端之扃鐍闢大學之戸庭體用相涵本末洞貫會六

藝之突奥立四子之階梯入文載開道統復續臣昔在志學首受是書博參師友之傳稍窮文義之要大旨本乎朱氏

竹山《ちくざん》先生《せんせい》首書《しゅしょ》近思録《きんしろく》

『近思録』に対する中井竹山の注解書。延宝元年（一六七三）京都吉野屋権兵衛刊の宋・葉《しょう》采《さい》集解『近思録』を使用して、欄外に他説や自分の説を書き入れている。

『近思録』は朱子と呂祖謙《りょそけん》の共著で、初学者に対する朱子学の入門書と位置づけられる書。全六二二条を「道体」「為学」等の十四門の項目に分類し、朱子学の基本的な理念について解説する。竹山は諸儒の説を引いてその内容を注釈しているが、その中では『朱子語類』等から引いた朱子の説が圧倒的に多い。これは竹山自身がやはり基本的に朱子学者であったことを示すものであろう。

なお『近思録』は、懐徳堂で講義のテキストとしても用いられていた。天明二年（一七八二）、竹山が学主に就任した当時の懐徳堂カリキュラムでは、一月のうちに二日・七日の夜は『近思録』の講義が行なわれていた。

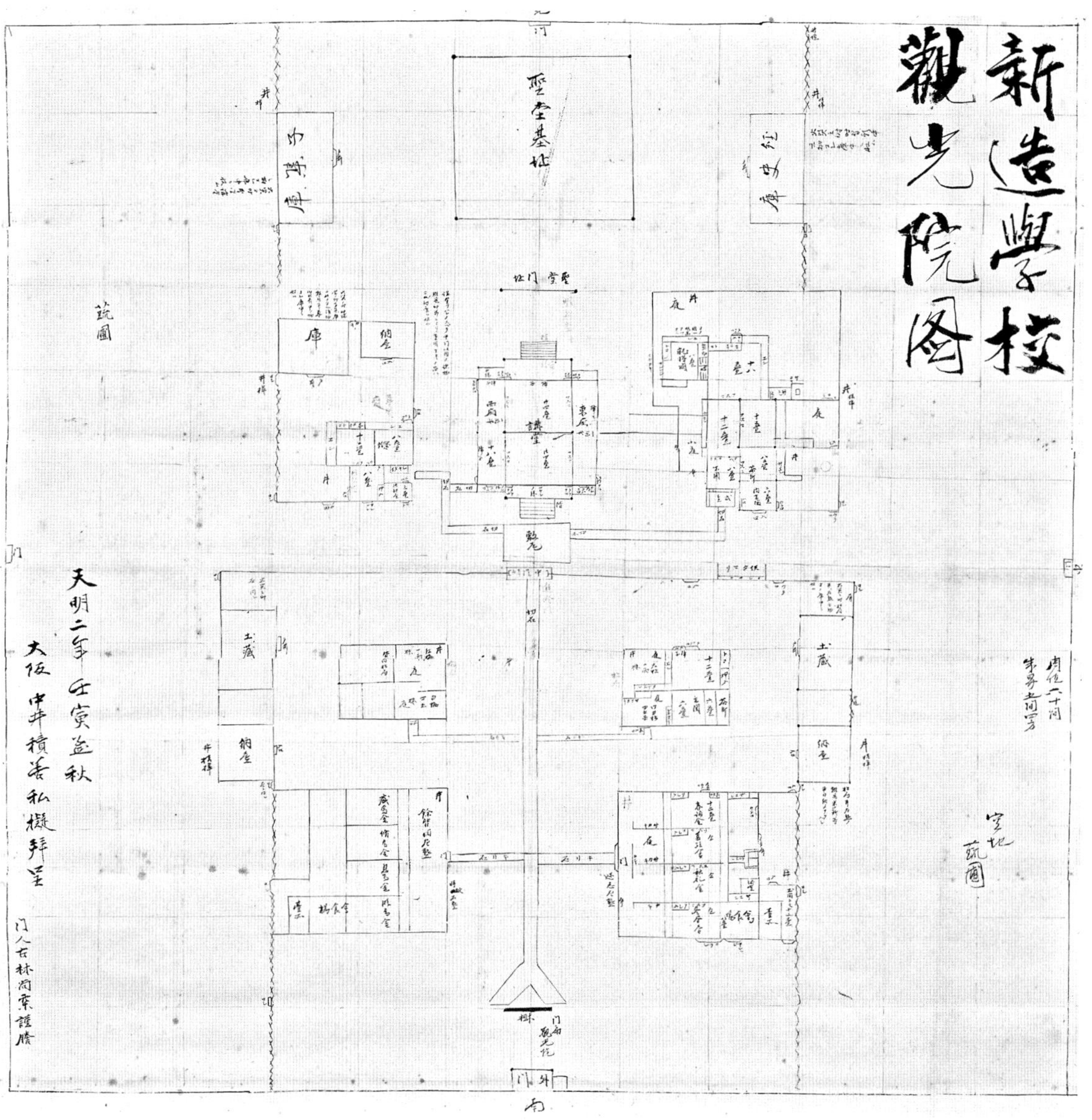

観光院図《かんこういんず》

中井竹山が公家の高辻胤長《たかつじたねなが》の下命により設計した御所内の学校。その名称は、『易』の観卦の六四の爻辞「觀國之光、利用賓于王（国の光を観る。用《もっ》て王に賓《ひん》たるに利《よろ》し）」（国の風俗の光輝を観る象。王から賓客のもてなしを受けるのにふさわしい）にちなむ。高辻胤長は、菅原道真六世の孫に当たる大学頭是綱（一〇三〇～一一〇七）を祖とする公家で、安永八年（一七七九）、権中納言（黄門）に就任したことにより、高辻黄門と称される。この高辻公が、京都に学校の廃絶したのを嘆いて、学校設立を企図し、中井竹山にその設計を下命した。これに応えて竹山は、天明二年（一七八二）、建学私議および図面を呈上した。竹山は、その著『草茅危言』の中で教育に関する提言を行い、江戸の昌平黌、京都の観光院、大坂の懐徳堂を三都の官立学校と位置づけようとした。

この計画は、京都の大火などにより実現せず、図面も散逸したままであったが、昭和五十五年（一九八〇）になって発見され、現在は、懐徳堂文庫所蔵資料となっている。

朱文公大書拓本《しゆぶんこうたいしよたくほん》

朱子の書の摸刻を拓本にとり軸装したもの。全四幅。拓本本体は、各縦一二七・八×横三三・六。底本となった朱子の四行書は、徳川将軍家の所蔵品であったが、中井竹山がこれを借用し、大坂の篆刻家で竹山の門人でもあった前《まえ》川虚舟《かわきよしゆう》が二枚四面の刻板に摸刻した。この刻板からさらに拓本をとり、掛軸の形に表装したものが本資料である。「懐徳堂遺物」の一として昭和十四年（一九三九）に中井木菟麻呂から重建懐徳堂へ寄贈され、後に刻板そのものも寄贈された。

本文には「読聖賢書」「立修斉志」「存忠孝心」「行仁義事」（聖賢の書を読み、修斉の志を立て、忠孝の心を存し、仁義の事を行う）とある。これは、人間が学問を修め実行に移す際の姿勢を、卑近な事柄から順を追って示したものである。まず「聖賢の書」すなわち儒家の経典を読み、ついで「修身斉家《しゆうしんせいか》（我が身をととのえ我が家をととのえる）」を行うという志を立て、また君親に対して生まれつき持っている「忠孝の心」を失わず、最終的には「仁義の事」を実践する、という意味である。

懐徳堂は、官許学問所として、幕府の認めた官学である朱子学を奉じ、荻生徂徠以降に盛んとなった朱子批判には反対の立場をとっていた。竹山が将軍家よりこの四行書を借り受けて摸刻させたことは、朱子学を奉じる懐徳堂の立場をより鮮明にする行為でもあったと考えられる。

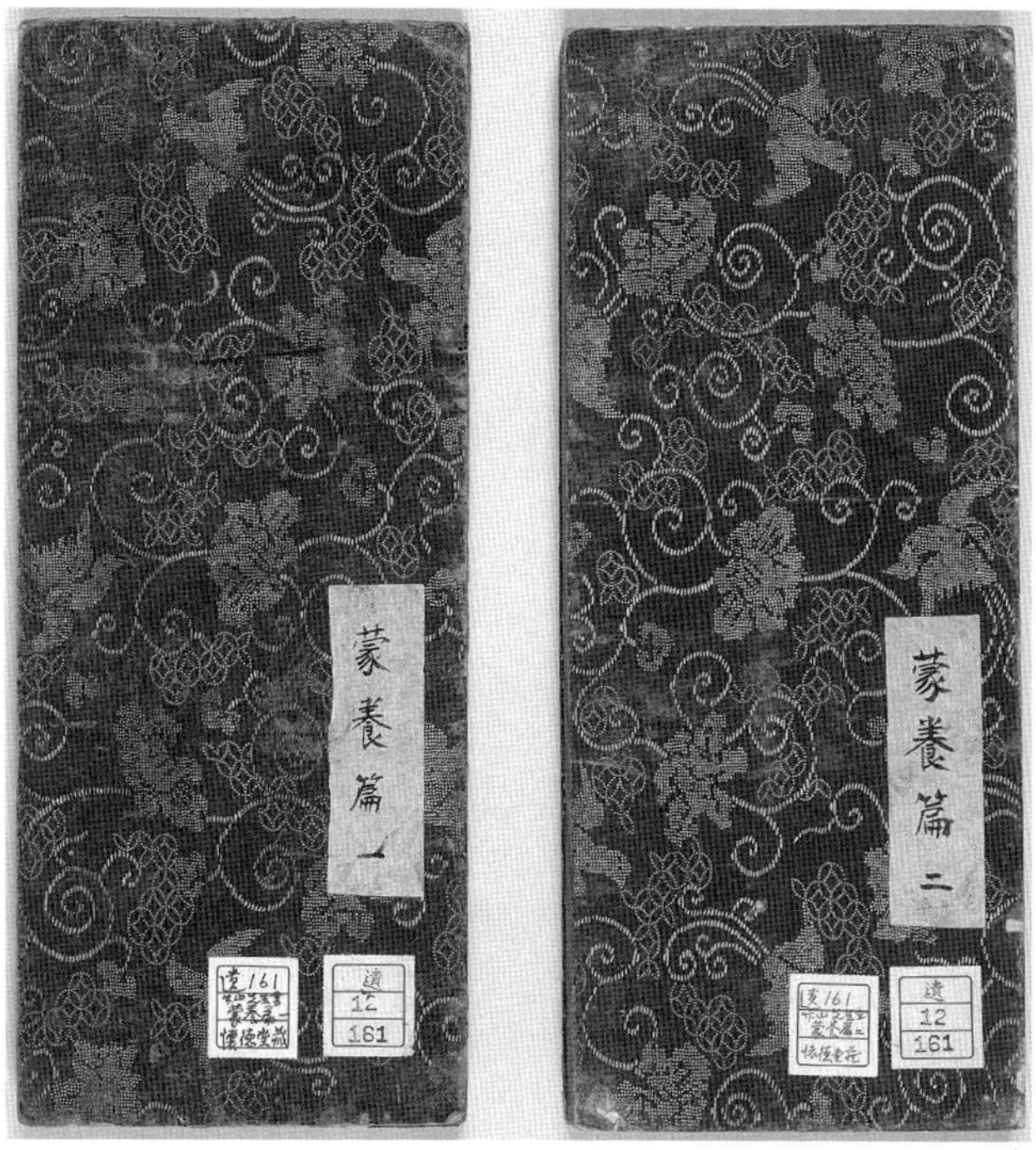

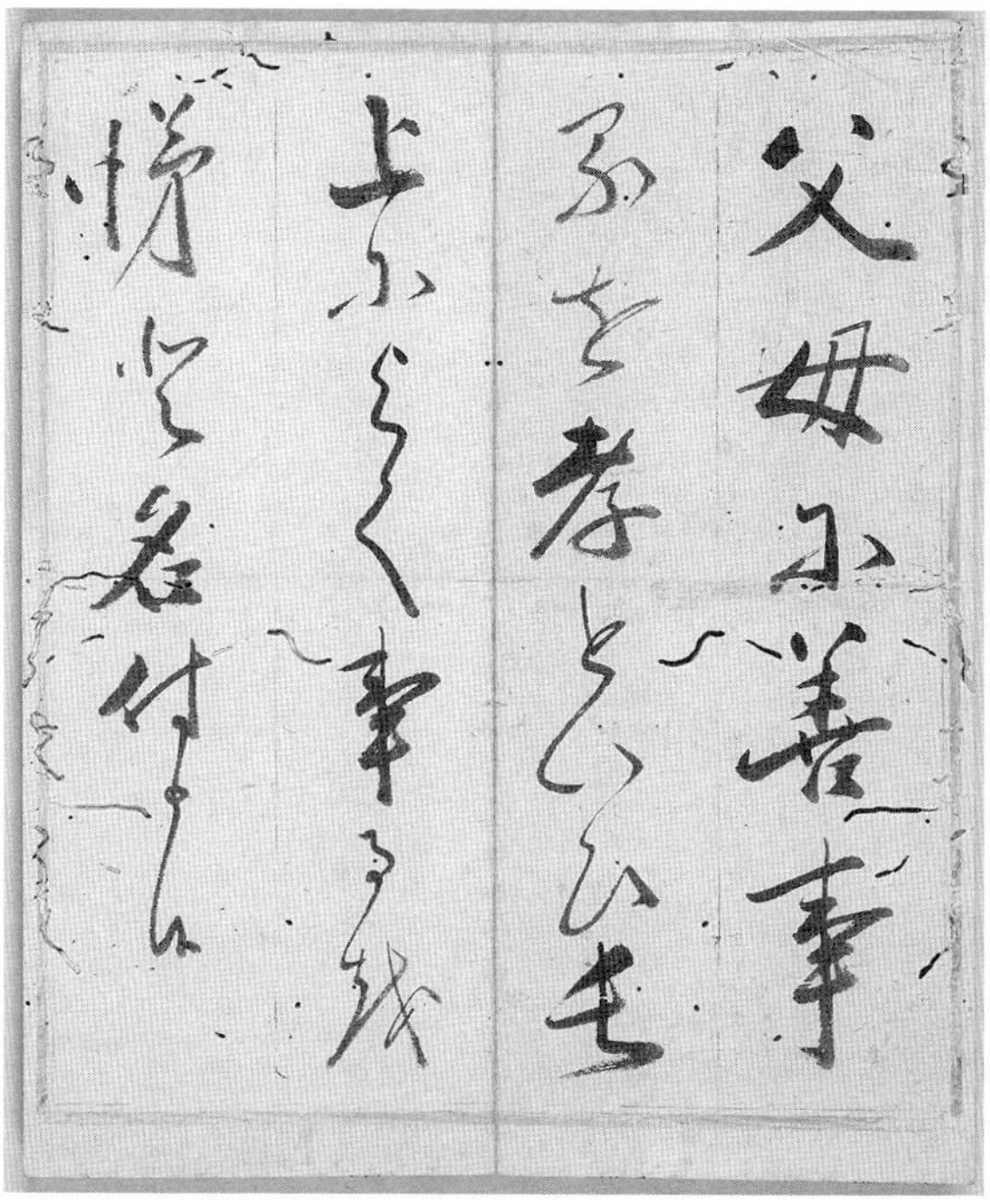

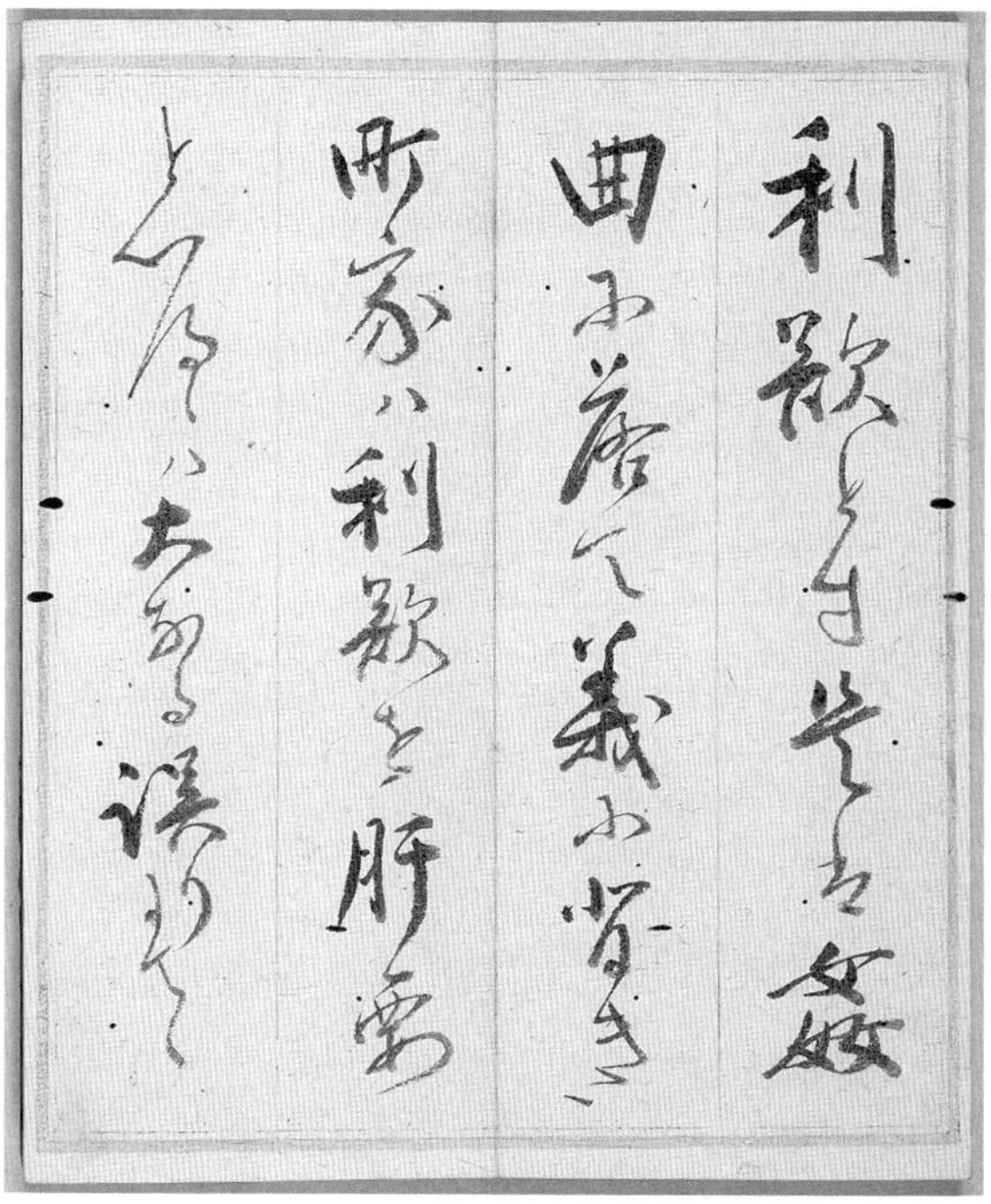

蒙養篇《もうようへん》

中井竹山が年少者向けに分かりやすく「人の道」を箇条書き（漢字仮名交じり文）にした書。全二帖。読者対象は、主として年少者（町人）であるため、そこに説かれる倫理は、家庭内の倫理、学習の心得、商業倫理などが中心であり、特に、「孝」の精神を説く条が多数を占めている。また、習字の手本や暗誦を意図して「候文」で記されている。

例えば、「孝」については、「父母によくお仕えするのを孝といい、年長者によくお仕えするのを悌と名づける」と「孝」「悌」をまず第一の徳目として掲げている。

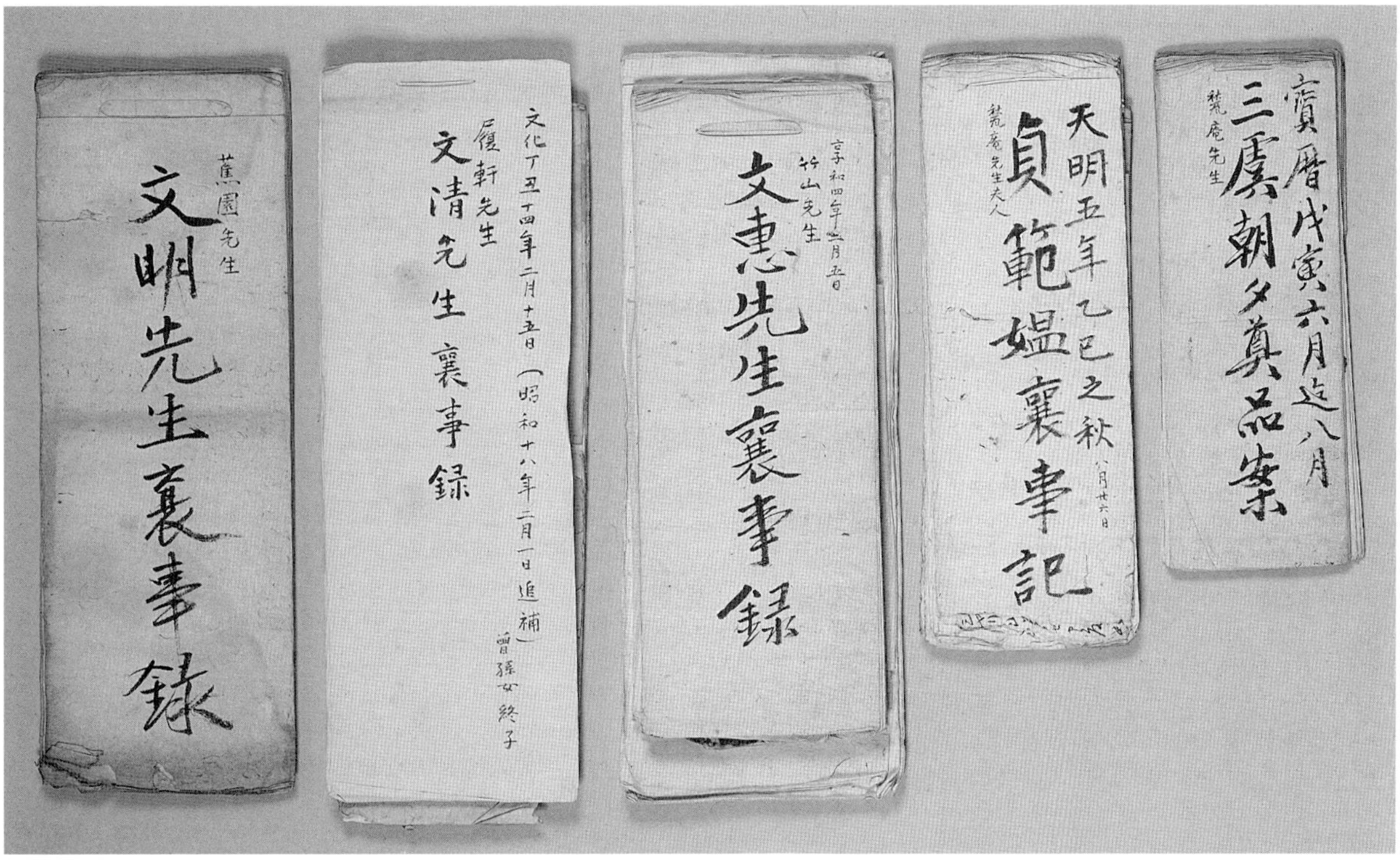

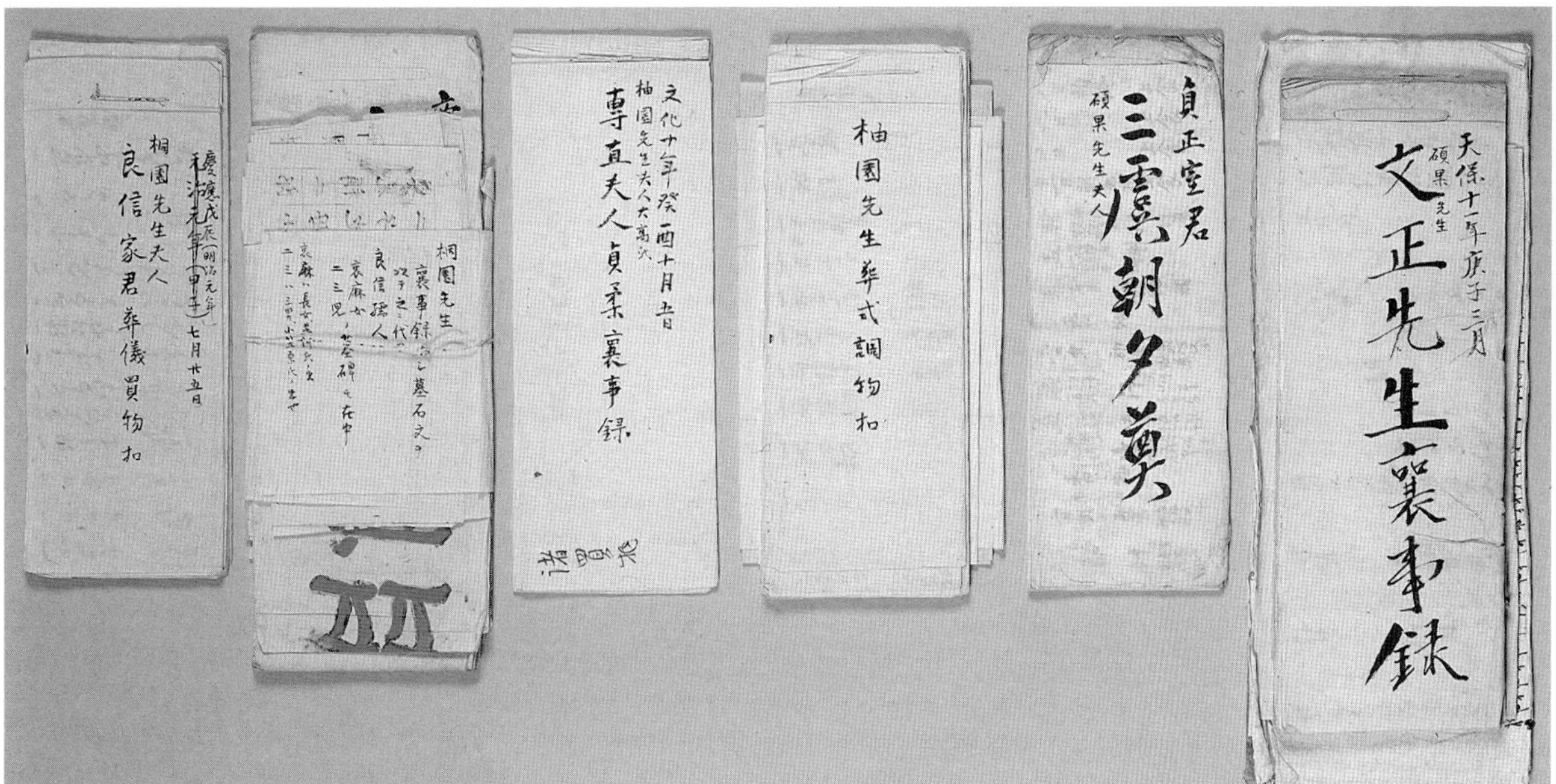

中《なか》井《い》家《け》襄《じょう》事《じ》録《ろく》

中井家の葬儀の記録。「襄事」とは事を成し遂げること、すなわち葬式を言う。懐徳堂文庫には、「中井家歴代葬儀記録」として、中井甃庵・甃庵夫人・中井蕉園・中井竹山・中井履軒・中井柚園・柚園夫人・中井碩果・碩果夫人・中井桐園・桐園夫人の十一種の葬儀録が収められている。

中井《なかい》履軒《りけん》

中井竹山の二歳年下の弟。一七三二～一八一七。懐徳堂最大の学問的業績を残した。竹山が懐徳堂学主として表舞台で活躍したのに対し、履軒は、後に懐徳堂を離れて私塾水哉館《すいさいかん》を開き、独創的な研究を生み出した。

七経《しちけい》逢原《ほうげん》

履軒の経学研究は、初め、『七経雕題』としてまとめられたが、履軒はその後も増補改訂を重ね、約三十年間にわたる蓄積を『七経雕題略』にまとめ直した。しかし、「略」であることに満足できず、最後の完成体として『七経逢原』を編纂した。ここに履軒は初めて「水哉館学」と署名し、本書において独自の学を築いたことを表明している。本書は、履軒の存命中、その高弟である三村崑山、早野橘隧、竹島簣山らにのみ借覧することを許したという。また、この三人は、書風も履軒に類似していたため、すべて『逢原』の原本に擬して手写したという。

「逢原」とは、『孟子』離婁篇下の「其の原《みなもと》に逢《あ》う」にちなむ。その内訳は、『周易逢原』『夏書逢原』『古詩逢原』『古詩得所編』『古詩古色』『左伝逢原』『論語逢原』『孟子逢原』『中庸逢原』『大学雑議』の計十種である。ただし『大学』は、「大学逢原」ではなく「大学雑議」として格下の扱いを受けており、また『古詩逢原』『古詩得所編』『古詩古色』は、いずれも『詩』に関するものとしてひとまとめにできる。「七経」という名称とその内訳との関係は、「雕題」「雕題略」ではなお不明瞭であったが、この「逢原」では、ようやく名実（『易』『書』『詩』『春秋』『論語』『孟子』『中庸』）が合致したと言える。本書は、履軒の経学研究の到達点を示す資料として極めて貴重であるが、また、「雕題」「雕題略」と本書とを対比することにより、その研究の展開を具体的に見ることができる。

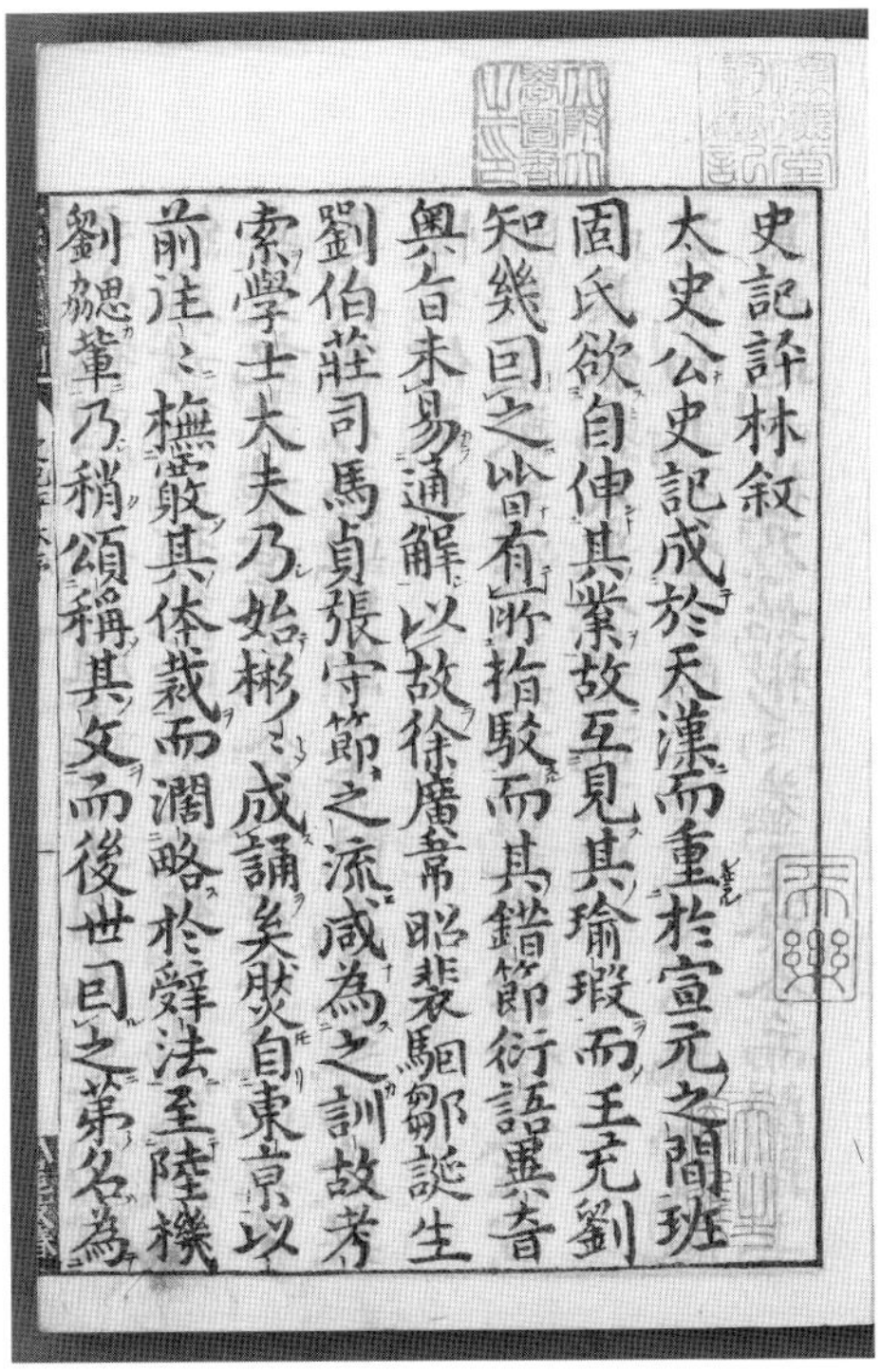

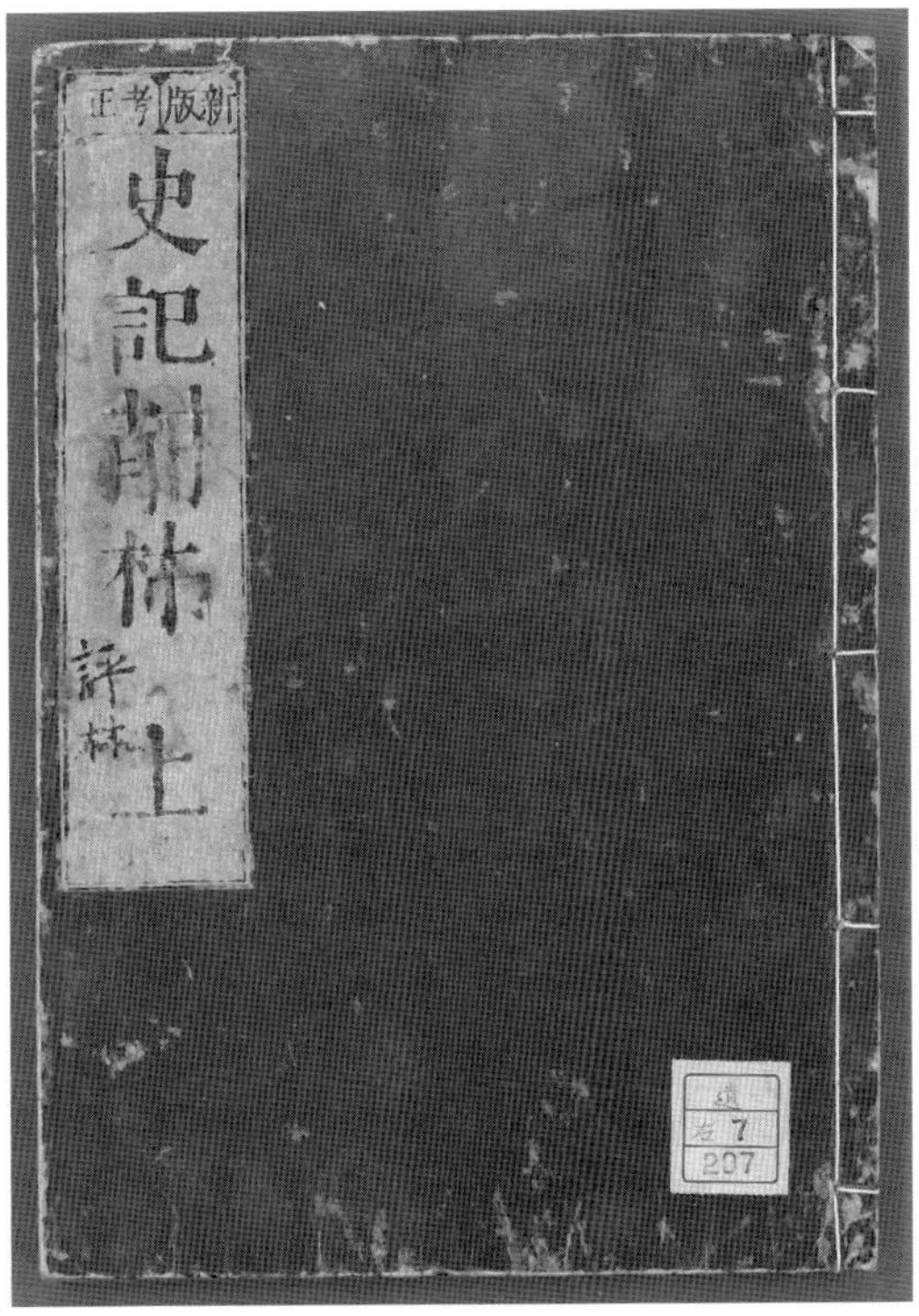

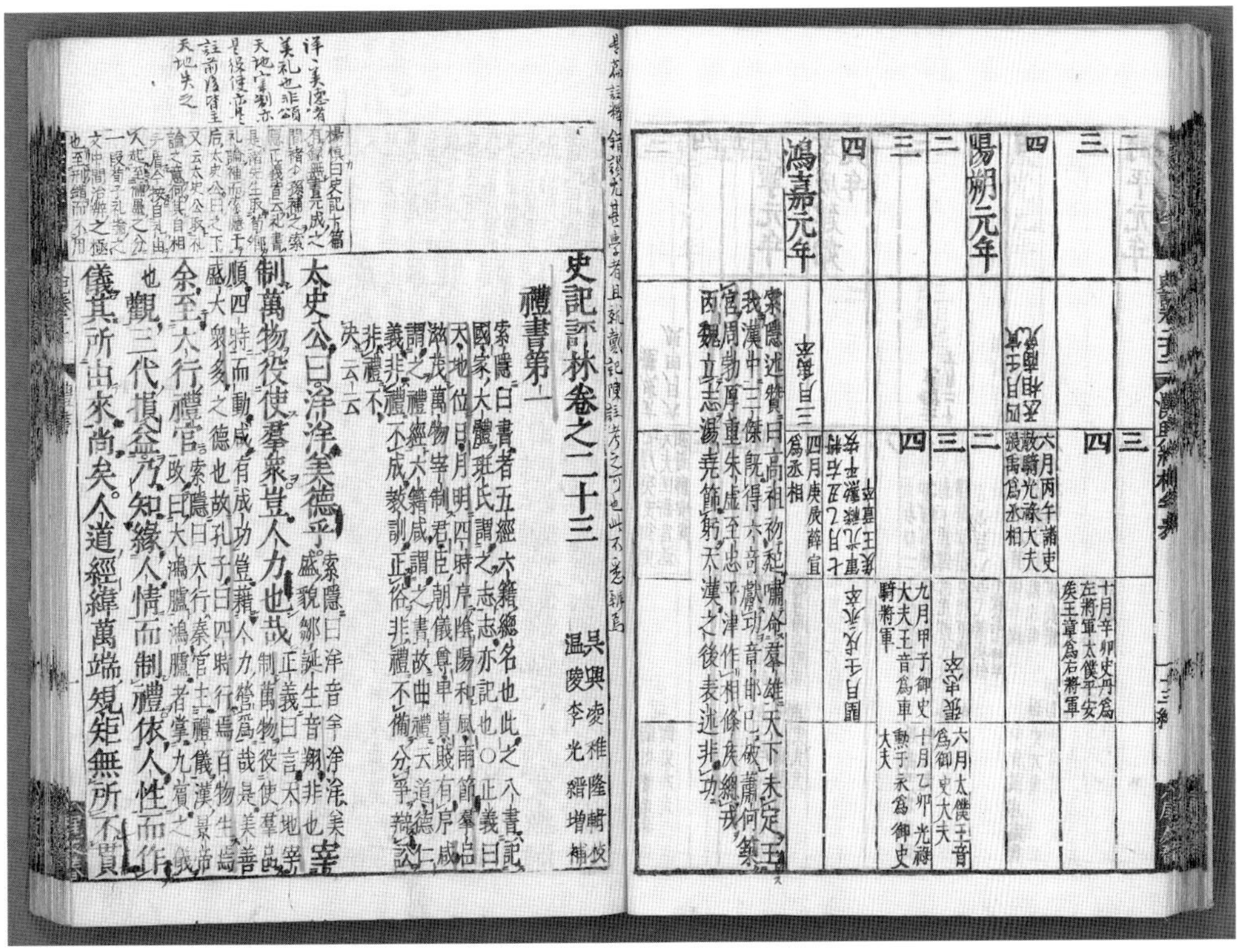

史記雕題《しきちょうだい》

中井履軒による『史記』の注釈書。全二十九冊。『史記雕題』の名は、履軒自身の命名ではなく、『七経雕題』にちなんで、後人がつけたもの。江戸時代に最も流布した八尾版『史記評《ひょう》林《りん》』の欄外に、履軒が注釈を書き入れ、また、訓点の書き改めや、文字の誤脱等の訂正を行ったものである。

この『史記雕題』は、『史記』研究必備の注釈書とされるが、現代中国の学界からも高く評価されている。江戸時代の漢学者の業績が本家本元の中国において認められる、その代表的な例である。

紙製天図

潮図

紙製天図《かみせいてんず》

中井履軒が天の構造や運行の仕組みを示すために作成した天体図。直径四五・〇。懐徳堂文庫には、中井履軒手製の二種類の「天図」が収められており、一つは周囲に金箔を施した、この紙製の天体図で、もう一つは木製の回転式模型である（30頁参照）。いずれも、履軒が暦を作成する際の基礎となったと考えられるもので、伝統的な「天円地方《てんえんちほう》」（天空の形状は円形で大地の形状は四角い）の考えに基づいて、円形を成している。

潮図《ちょうず》

月の位置によって変化する潮汐の満干を示す中井履軒手製の模型。縦三二・一×横四四・四。薄手の板に貼り付けられた厚紙の中心に地球を置き、それを包む形で「虚」「月胞」「日胞」が広がる。この内、「虚」と「月胞」は別紙で作られ、「月胞」の上に描かれた月が地球の周囲を回転するようになっている。地球を取り巻く青い部分は海水で、青い下地が多く露出している地点では満潮が、そうでない地点では干潮が起こっていることを示す。

履軒の潮汐研究は、単なる科学的興味によるものではなく、当時の海上運送に関わる実学研究であり、履軒が熱心に暦を作成したのも、一つには潮汐の満干周期を知るためと考えられる。

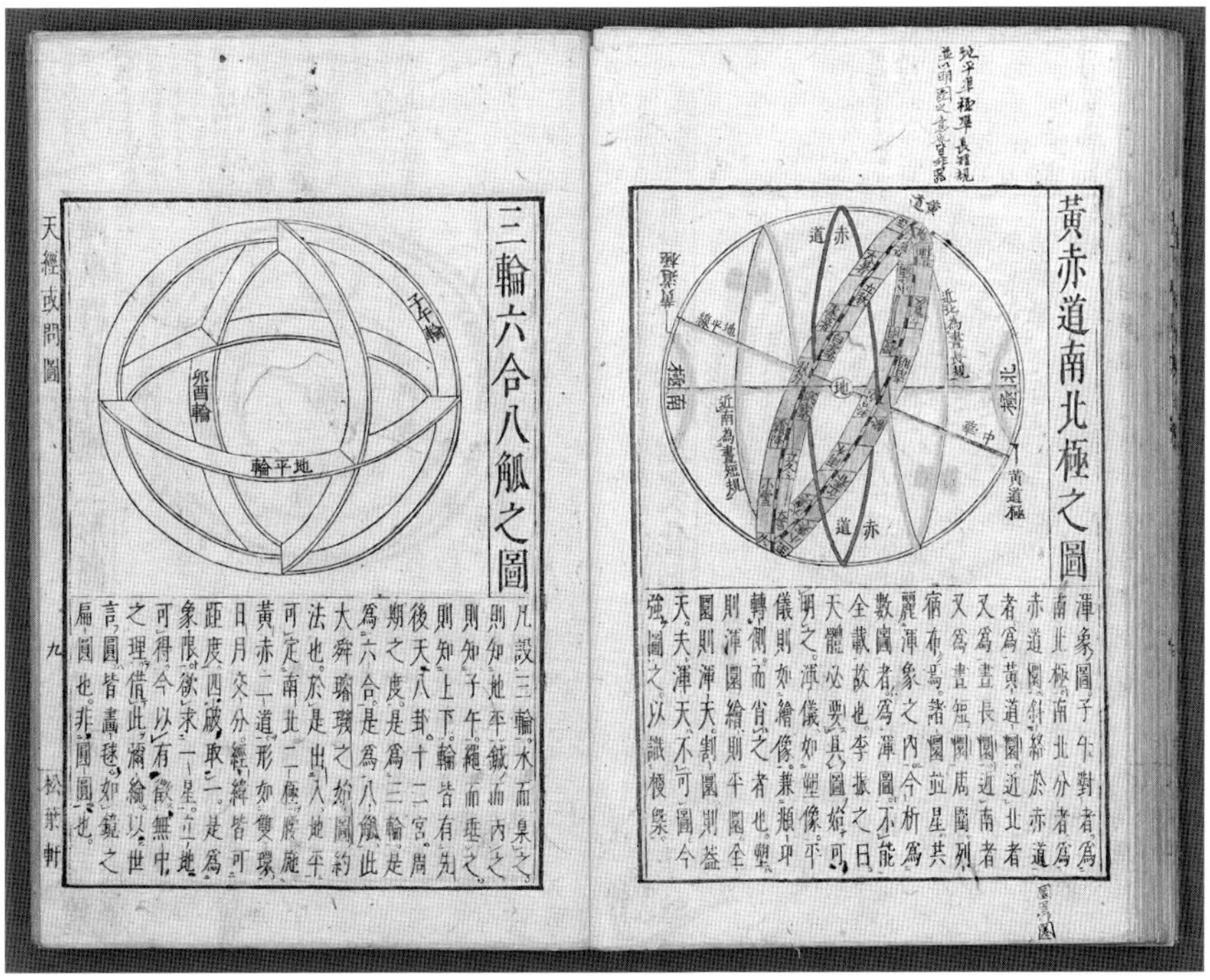

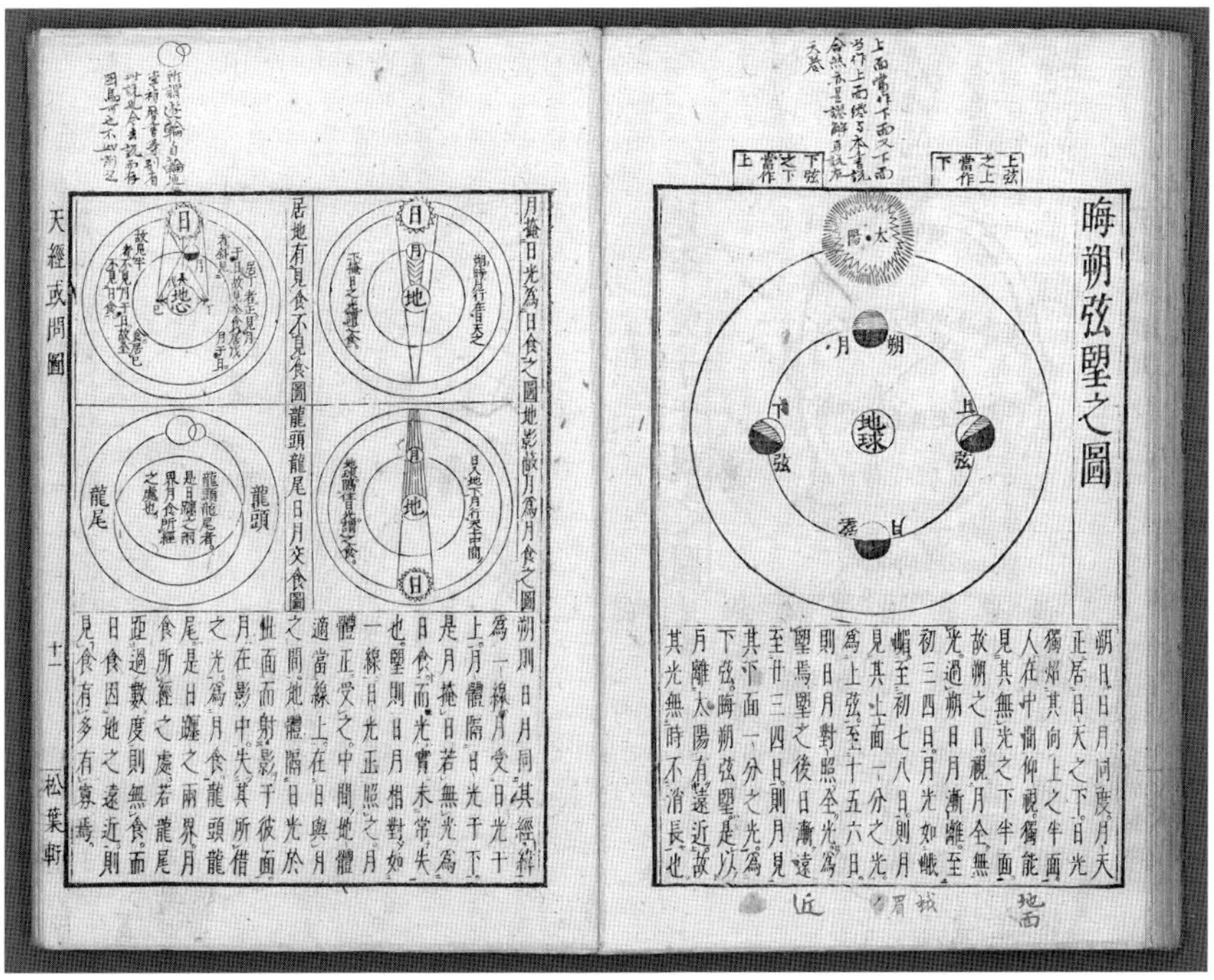

天経或問雕題《てんけいわくもんちょうだい》

『天経或問』に対する中井履軒の注解書。全三冊。『天経或問』とは清の游芸《ゆうげい》の著書で、中国の伝統的な天文学を踏まえながら、西洋の新しい天文学の知識を紹介する書である。この書の基本的立場は、その序に「天は理と気とのみ」とあるように朱子学的な天文学だったので、江戸期の儒者らにも広く読まれていた。

履軒は麻田《あさだ》剛立《ごうりゅう》との交流から天文学に対しても大いに関心をもち、天体の動きや宇宙の構造等について、剛立のもつ新しい天文学知識への理解を深めていた。

なお、『天経或問』への関心は履軒の師五井蘭洲《ごいらんしゅう》の頃からすでに存しており、新知識に対する幅広い関心を懐徳堂学派が持っていたことを表している。

紙製深衣《かみせいしんい》

中井履軒手製の深衣の模型。丈一二五・〇　幅一五〇・六。明和二年（一七六五）秋、中井履軒は、深衣を作製した。深衣とは、中国古代の服で、衣《うわぎ》と裳《もすそ》とをつなげて仕立てたもの。懐徳堂文庫所蔵の中井竹山肖像画（14頁参照）で竹山が着用しているのが、これである。履軒は、中国古代の礼制を記した『礼記《らいき》』の記述に基づき、身、裳、袖、衽《えり》などのそれぞれの寸法を記しながら、この深衣の雛形《ひながた》を、反古紙《ほごし》を使って試作した。

従来、中国の礼が観念的に捉えられてきたことに対し、自分の目で確認し、また他者にもそれを明瞭な図解によって示そうとするもので、履軒の実証的な精神を表している。

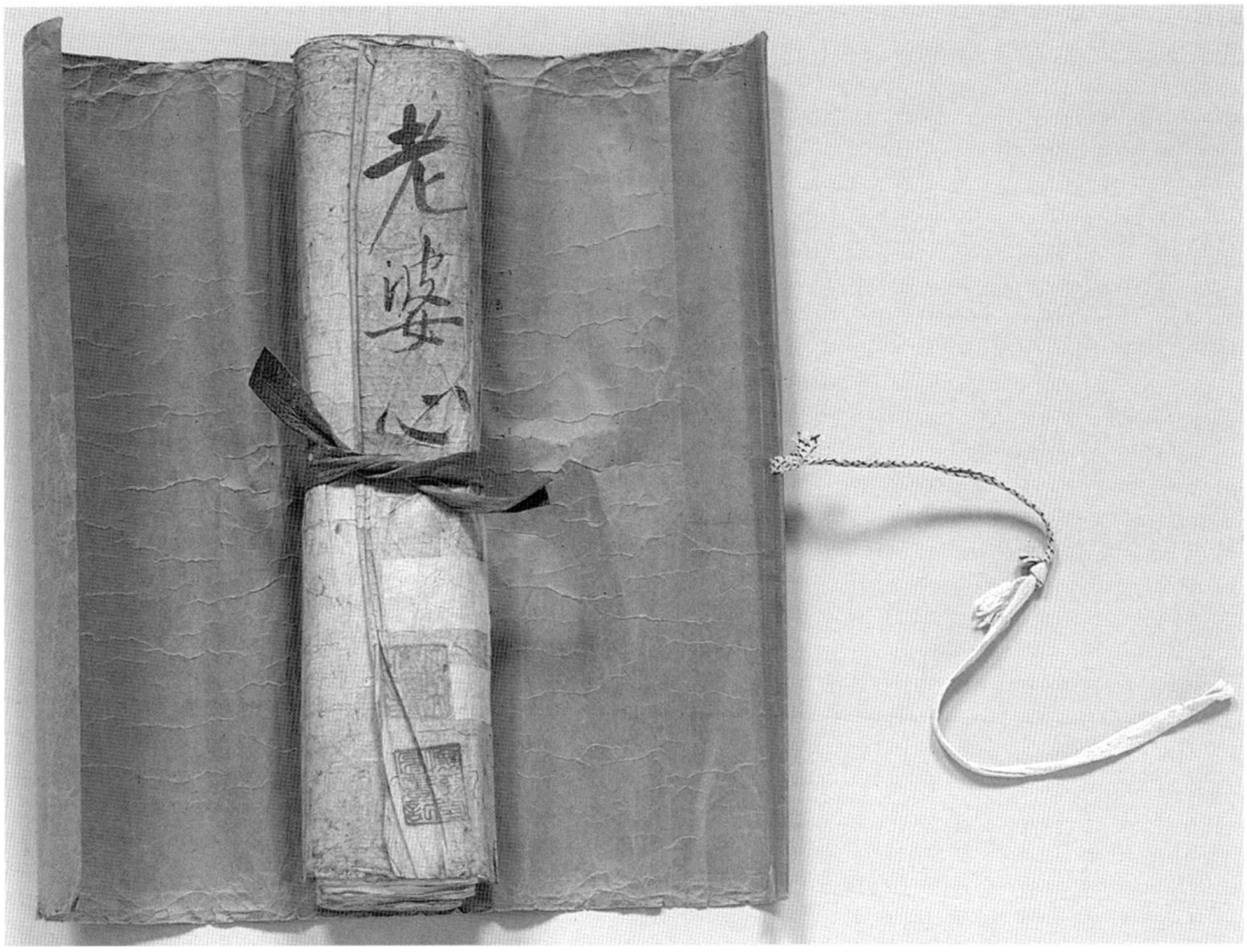

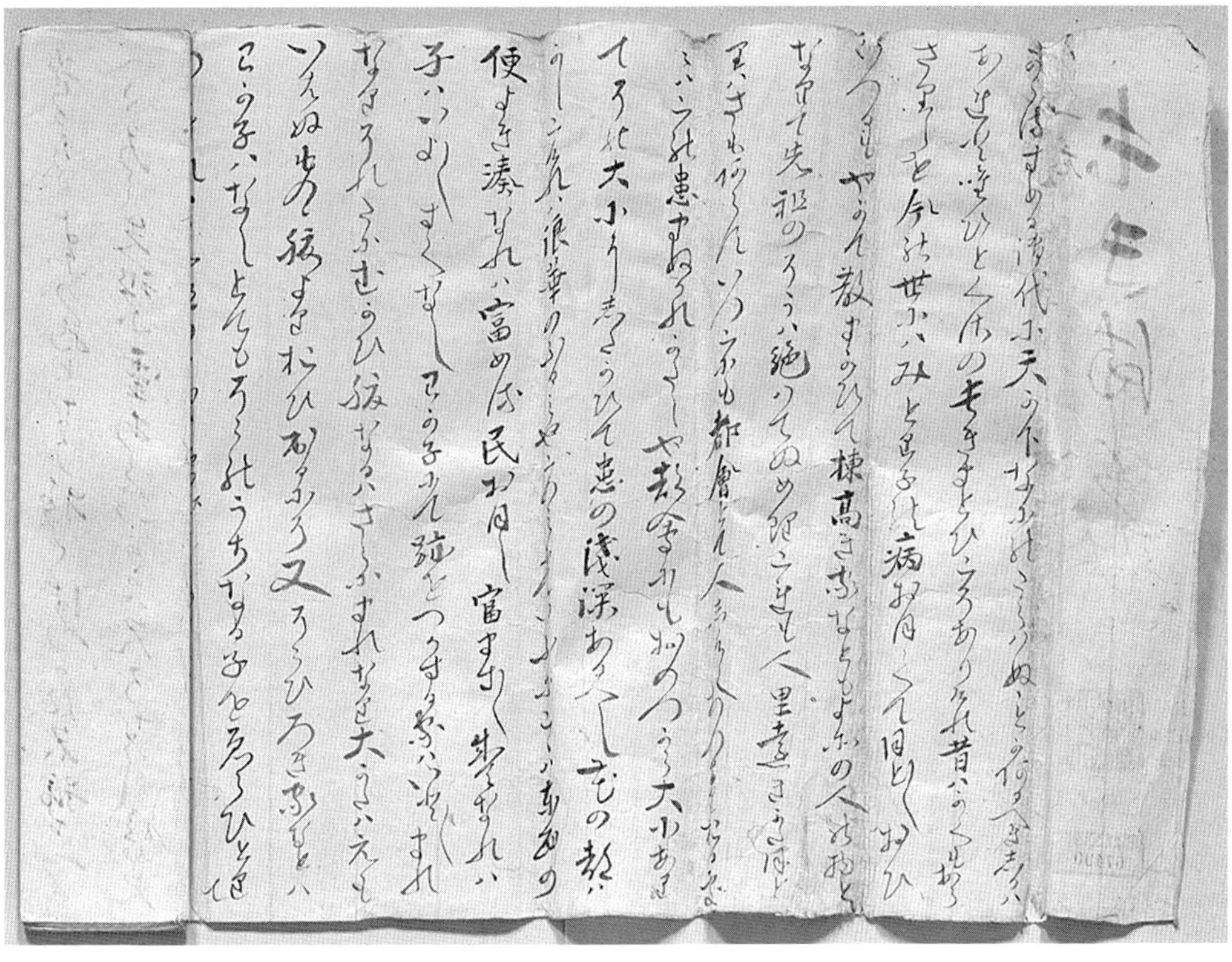

老婆心《ろうばしん》

中井履軒が、人体に与える砂糖の悪影響などについて和文で論じた警世書。懐徳堂文庫所蔵の自筆本は、奉書紙数枚を継いだ巻子本であり、全五巻。天保五年（一八三四）以前に紛失していたが、昭和十四年（一九三九）、伊藤介夫《いとうすけお》氏の遺族から重建懐徳堂に寄贈された。

たとえば、第一巻「長きまどひ」では、近二百年間に、乳幼児の病気が増加し、特に富家の子ほど夭折《ようせつ》する例が多いことを嘆く。第二巻「夢のさめかた」では、その原因を最近用いられるようになったものに求め、茶や煙草は無害であり、木綿は食用にされないから、砂糖が原因だと断定し、砂糖の使用・輸入を厳禁すべきであると説く。

懐徳堂においては、いわゆる陰陽五行説に基づく伝統的な医学を排斥する傾向が強いが、本資料において表明される履軒の身体観・病原観は特に斬新である。今日の医学的な観点からは首肯できない議論であるが、日本医学思想上において注目すべきものである。

山片蟠桃像（兵庫県高砂市）

山片蟠桃《やまがたばんとう》（一七四八～一八二一）

江戸中・後期の大坂の町人学者。本名は長谷川有躬。播磨国印南郡神爪《かづめ》村に生まれ、宝暦十年（一七六〇）に升屋別家《ますやべつけ》（使用人がのれんわけを許され独立した家）の伯父・久兵衛の養子となり、升屋本家に奉公を始めた。本家の当主・平右衛門（山片重賢）は蟠桃を懐徳堂に通わせ、蟠桃は中井竹山と履軒とを生涯師と仰いだ。また麻田剛立《あさだごうりゅう》に天文学を習う。後に升屋本家の支配番頭として活躍し、大名貸《だいみょうがし》として成功、文化二年（一八〇五）主家の親類並となり、山片芳秀と改名した。中井履軒に学んだ山片蟠桃は、その学識の高さから、中井門下の諸葛孔明と呼ばれていた。主著は『夢《ゆめ》の代《しろ》』。

なお、蟠桃の業績にちなんで、日本文化の国際通用性を高めた優秀な著作とその著者を顕彰する「山片蟠桃賞」が設けられている。写真は蟠桃の生まれ故郷（現兵庫県高砂市）に建てられた像。

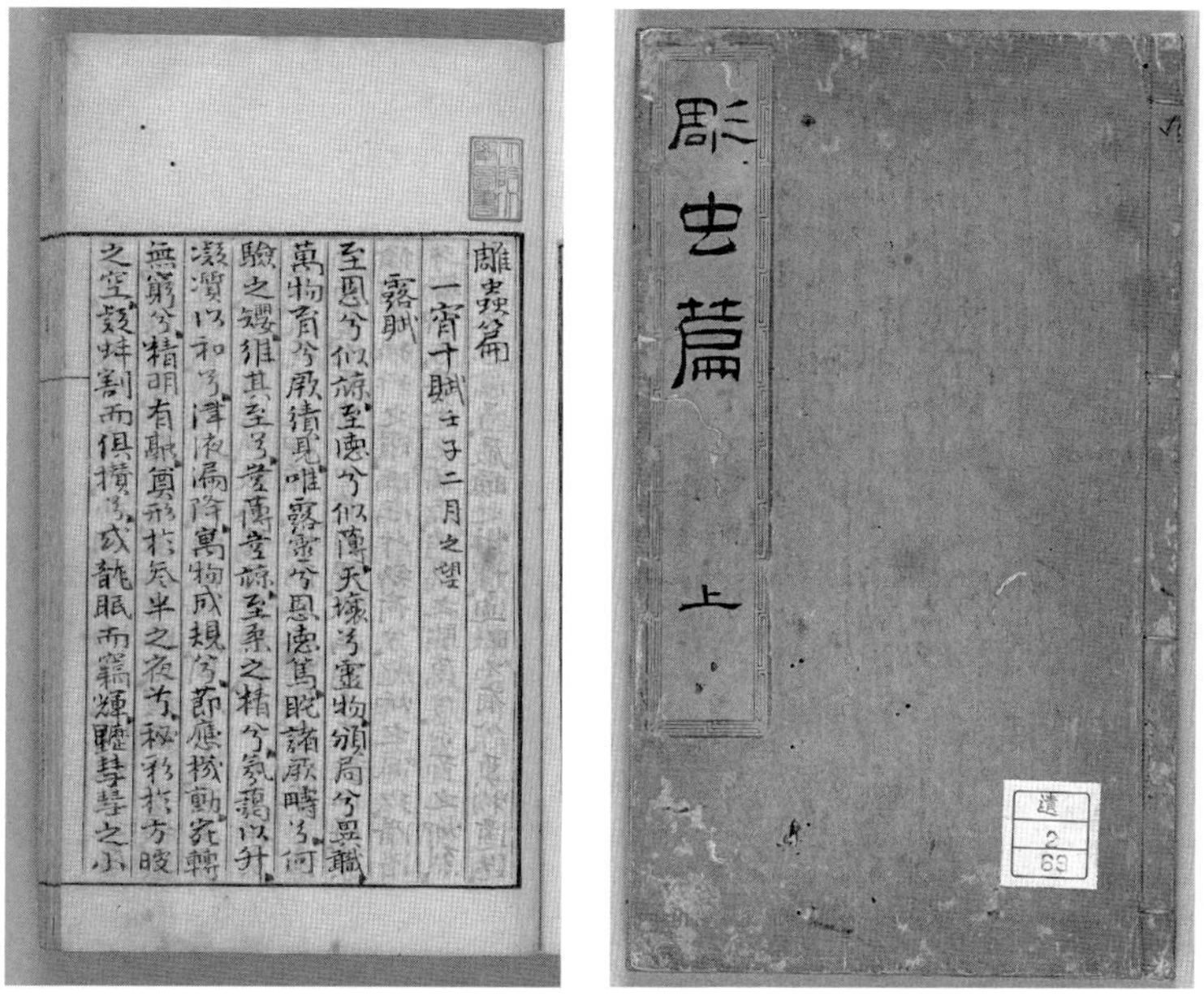

雕虫篇

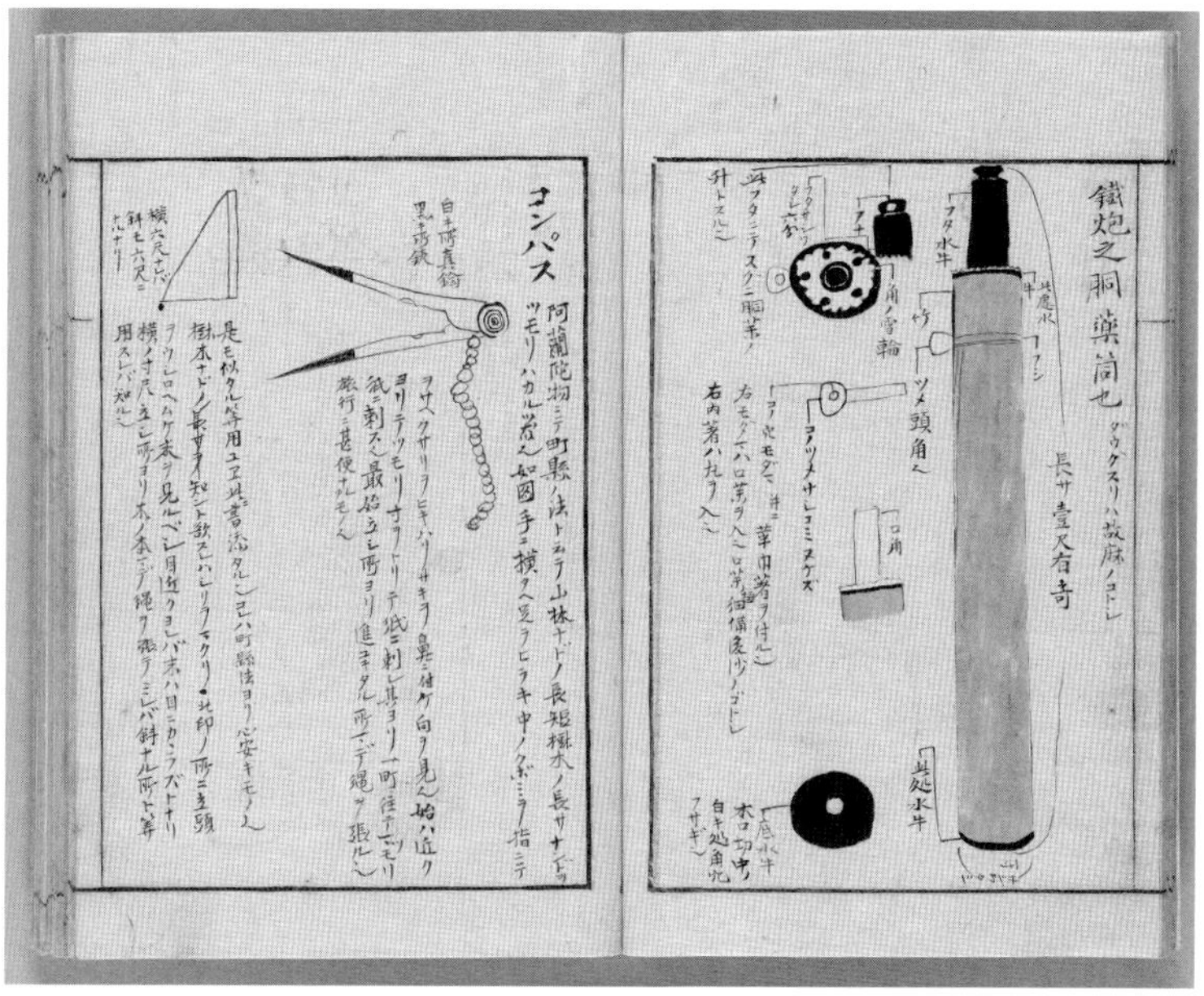

柚園先生雑記

蕉園《しょうえん》と柚園《ゆえん》

中井竹山の子として名を残したのは、第四子の蕉園《しょうえん》（一七六七〜一八〇三）、履軒の子としては柚園《ゆえん》（一七九五〜一八三四）がいる。ともに、竹山・履軒のような巨大な業績を残すことはできなかったものの、懐徳堂の伝統の継承に大きな役割を果たした。

雕虫篇《ちょうちゅうへん》

中井蕉園の賦集。全二冊。「雕虫」とは、篆刻をするような細かい技術のことをいい、ここでは賦を作ることを謙遜していっている。蕉園は寛政四年（一七九二）自らの賦才を試みるべく、父竹山に賦題を請い、一晩に賦を十編作った。翌年にそれをもう一度試みた。この本はその二十賦を浄書した手稿本である。そこで、この二冊の本を『一宵十賦《いちしょうじっぷ》』『後《こう》一宵十賦』とも言う。

柚園先生雑記《ゆえんせんせいざつき》

中井履軒の子・柚園が衣服・本草・器物・和歌・仮名・書式・漢語などに関して他書から摘録した雑記。全二冊。本書に見られる雑多な知識、実証的な図解などは、履軒の「天図」「方図」や『越俎弄筆』などを髣髴とさせる。特に、本草に関する精緻な図や「鐵炮之胴（薬筒）」の図や「阿蘭陀物」と注記された「コンパス」の図などからは、柚園が父履軒の学問的傾向を継承し、自然科学の分野に強い興味を抱いていたことがうかがえる。

並河寒泉《なみかわかんせん》（一七九七〜一八七九）

中井竹山の外孫。並河尚誠《しょうせい》に嫁した竹山の娘とじの子。懐徳堂最後の教授。「並河」は「なびか」「なびかわ」とも。「寒泉」は還暦以前の号、晩年「桜宮」に住み「樺翁」と号した。これは、中井履軒の『左九羅帖《さくらじょう》』に、サクラの正しい表記が「樺」であるとする説に基づいたものである。

並河寒泉翁像《なみかわかんせんおうぞう》

懐徳堂最後の教授である並河寒泉の肖像画。縦三九・〇×横五四・〇。この肖像画は、寒泉の宗家である京都並河氏生まれの羽倉《はぐら》敬尚《けいしょう》が、寒泉の風貌を後世に伝えるため、中井木菟麻呂《つぐまろ》の記憶に基づいて描かせたもので、画の左右には羽倉の賛がある。

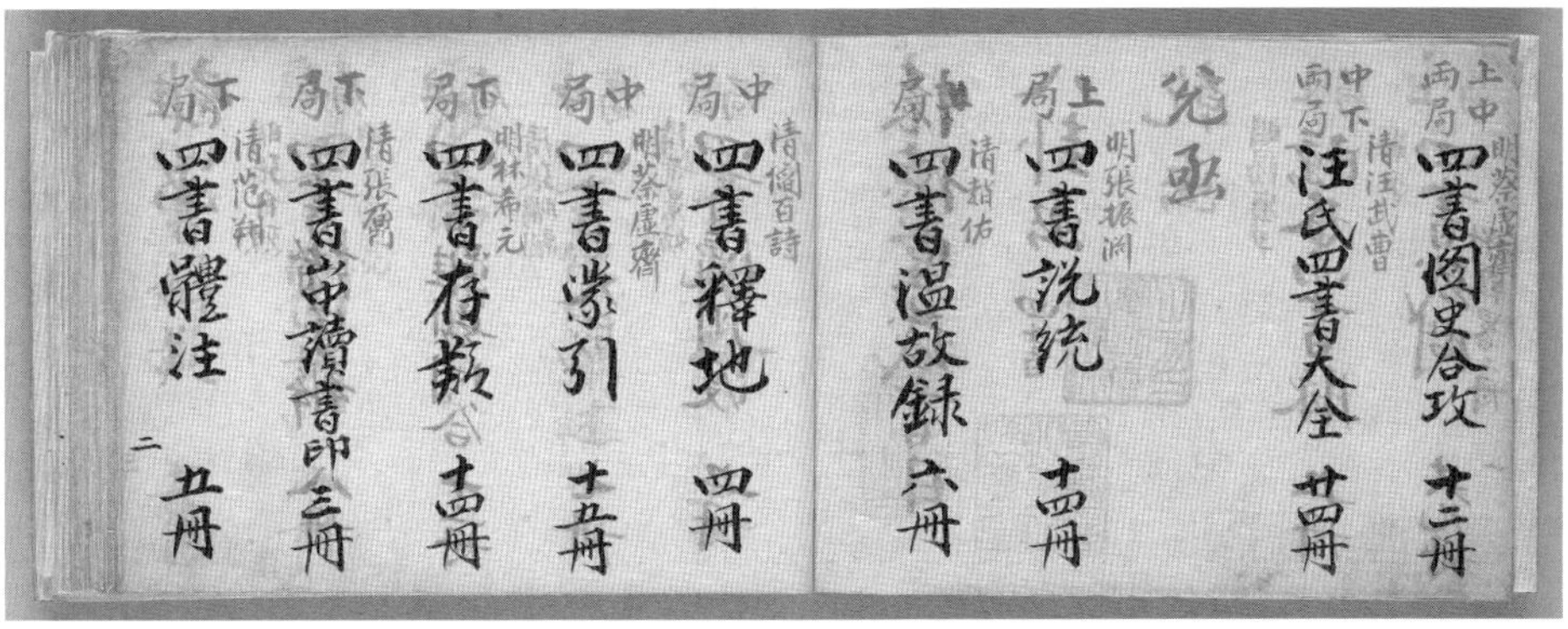

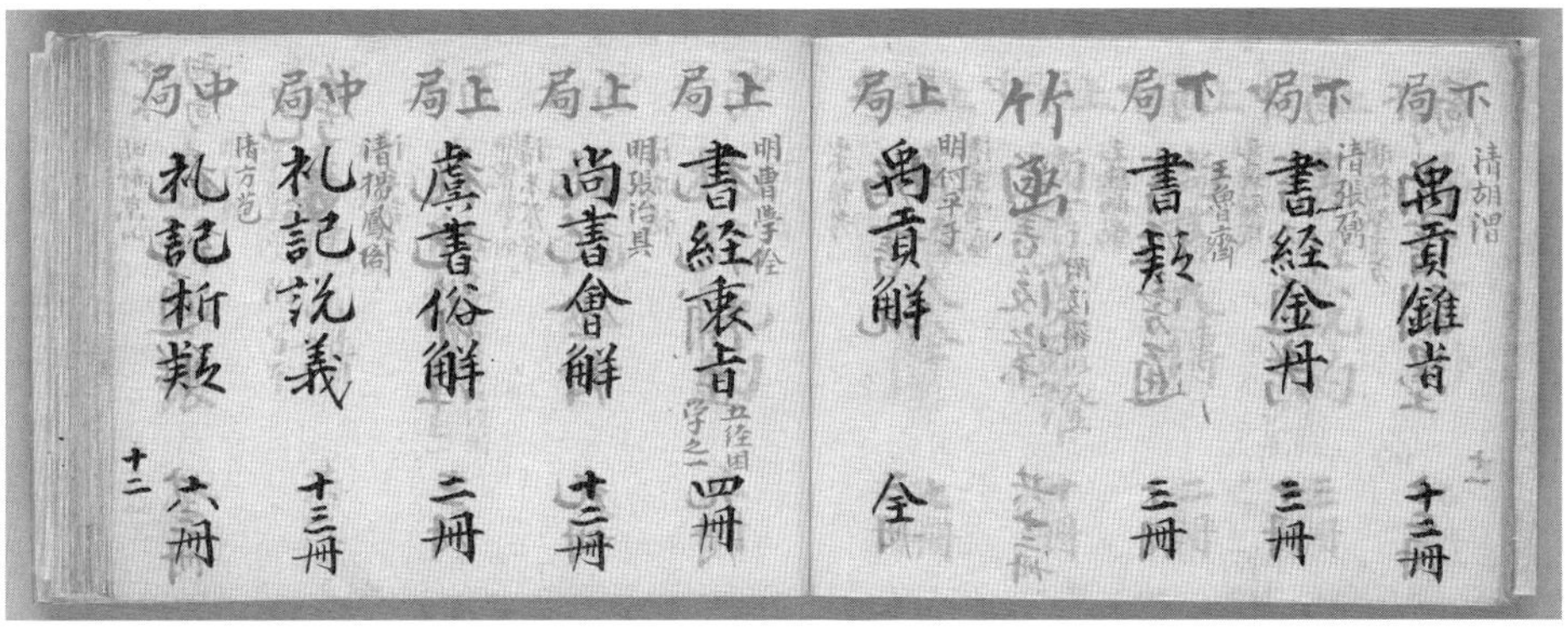

懐徳堂蔵書目《かいとくどうぞうしょもく》

懐徳堂蔵書の目録。本体に目録作成者の名は記されていないが、「天生寄進《てんせいきしん》」の印があり、また、帙に「寒泉桐園手録」とあることから、並河寒泉と中井桐園が作成し、そのことを記憶していた中井木菟麻呂《つぐまろ》（号は天生）が、本目録を重建懐徳堂に寄進する際に、その情報を伝えたものと推測される。作成の時期は未詳であるが、桐園の養父であった中井碩果《せきか》の没（一八四〇）後から、それほど時の経っていない頃であろう。

この目録によれば、当時の懐徳堂では、本箱に易の八卦の名や、甲・乙等の十干《じっかん》の名などを付けて図書整理を行っていたことが分かる。ただし、この目録には中井竹山・履軒の自筆書き入れ本が見当たらないことから、懐徳堂所有の全書籍の目録ではなく、塾生の閲覧に供していた図書のリストではないかと思われる。蔵書は、四書五経の儒家の経典を中心に、諸子百家の書、歴史、文学、日本の儒者の著述などにも及び、しかも極めて充実したものであったことがうかがえる。

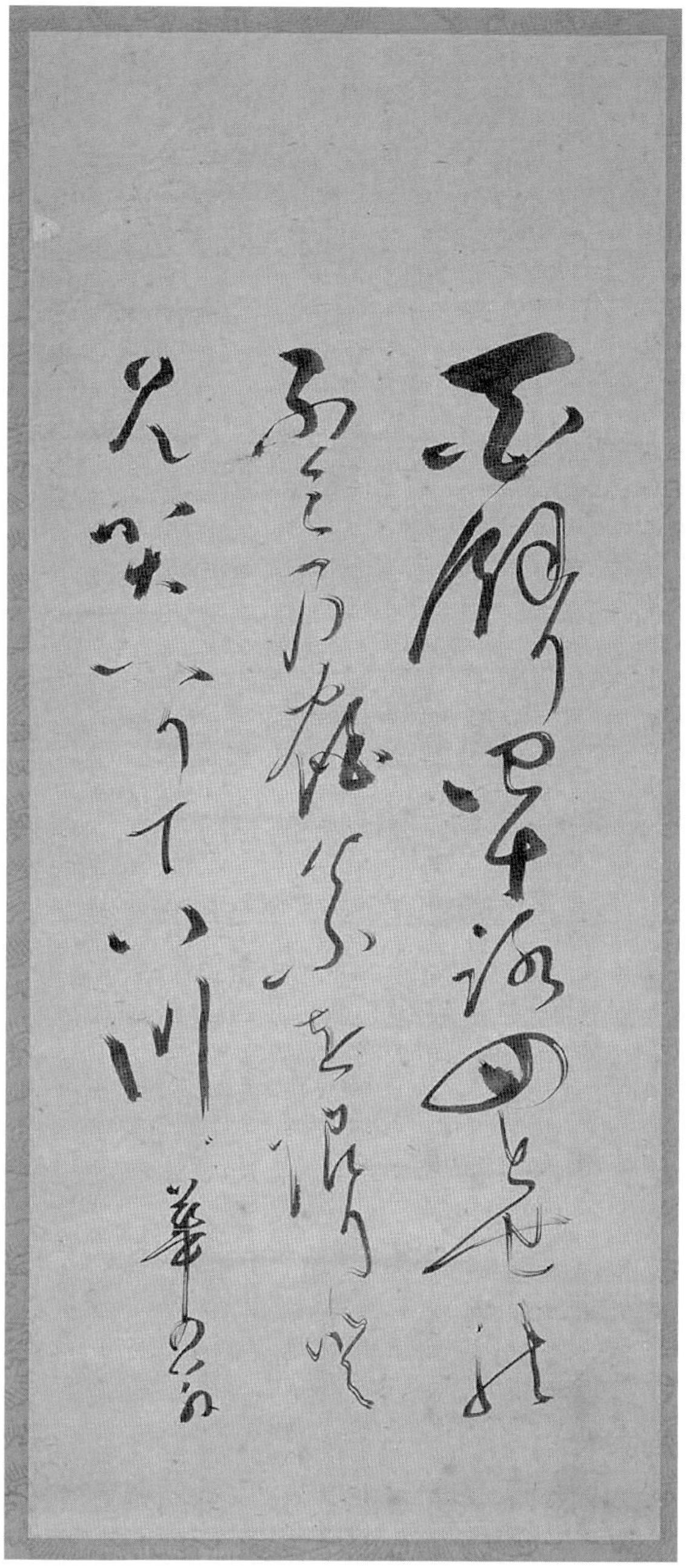

出《しゅつ》懐徳堂《かいとくどう》歌《か》

明治二年（一八六九）十二月二十五日、並河寒泉が、廃校となった懐徳堂を去るときに門に貼り付けた歌を書いたもの。縦五七・一×横二三・九。原物は門から剥がされて存しないが、後に中井木菟麻呂が寒泉に同じ歌を書いてもらったものが軸装されて現在に残っている。

幕末の慶応年間当時、懐徳堂は並河寒泉が教授、中井桐園が学校預り人であった。この頃、すでに時勢は幕末の動乱期にあたっており、物価の高騰等で懐徳堂の財政も逼迫してきていた。桐園はやむなく文庫二戸を開いて蔵書や書画などを売却した。さらに、明治維新後には新政府が旧幕府から免除を得ていたものに対してその特権を廃止する命を出して、懐徳堂も免税廃止を命じられる。ここに至って懐徳堂の財政はますます窮迫し、桐園はついに『逸史』『通語』『非物篇』『非徴』などの版木までも売却して財政を支えようとした。しかし、その桐園の努力もむなしく、明治二年に懐徳堂は結局廃校となり、寒泉と桐園とは府下の本庄村に移った。

廃校となった懐徳堂舎を去るときに寒泉は、「堂構于今百四十年、皐比狗続尚綿々、豈図王化崇文世、席捲講帷村舎遷」の漢詩とこの出懐徳堂歌「百餘り四十路四とせのふミの宿けふを限りと見かへりていづ　華翁」（百四十四年間続いた学舎も今日限りだと見返りながら門を出る、の意）とを門に残した。

第四章　よみがえる懐徳堂

懐徳堂瓦当拓本

重建懐徳堂と大阪大学

明治二年（一八六九）に懐徳堂が閉校となってから約四十年の後、日本は、明治維新以来の西洋化による繁栄の陰で、頼るべき精神的な支柱を見失いつつあった。こうした危機感は、旧懐徳堂で講じられていた倫理道徳の復活を促すこととなった。懐徳堂・水哉館の復興を悲願としていた中井家子孫の中井木菟麻呂、朝日新聞社記者として懐徳堂の顕彰に務めた西村天囚。かれらの運動はやがて大阪の政財言論界の支援のもと、懐徳堂の復興へとつながっていった。財団法人懐徳堂記念会が設立され、新学舎「重建《ちょうけん》懐徳堂」が建設されたのである。

しかし、この重建懐徳堂は、昭和二十年（一九四五）の空襲によって書庫部分を残して焼失し、記念会の活動も縮小のやむなきに至った。

この歴史を継承したのが、大阪大学である。昭和二十四年（一九四九）、阪大に文学部が設立されたのを機に、焼失を免れた重建懐徳堂の蔵書約三万六千点が大阪大学に寄贈された。以後、懐徳堂の事業は財団法人懐徳堂記念会と大阪大学とが協力して行うこととなり、現在に至っている。

中井木菟麻呂《なかいつぐまろ》（一八五五～一九四三）

中井桐園《とうえん》の長男。中井竹山・履軒の曽孫に当たる。号は天生《てんせい》。安政二年（一八五五）、懐徳堂内で生まれ、十四歳で懐徳堂の閉校を迎える。その後、中井家伝来の書籍などの保管、懐徳堂関係資料の蒐集、懐徳堂学舎の再建に努めた。旧懐徳堂と重建懐徳堂とをともに知る人物として、また、旧懐徳堂や水哉館の遺書遺物の継承という点で極めて重要な役割を果たした。なお、木菟麻呂は、敬虔な正教徒でもあり、ニコライ大主教を助けて聖書の翻訳に尽力した。昭和十八年（一九四三）、八十九歳で没。

西村天囚《にしむらてんしゅう》（一八六五～一九二四）

重建懐徳堂の理事兼講師。鹿児島種子島出身。名は時《とき》彦《つね》、字《あざな》は子駿《ししゅん》、号は天囚・碩園《せきえん》。初め郷里の儒者前田豊山に学び、明治九年（一八七六）、十一歳で藩校種子島学校に入学。のち東京で重野成斎・島田篁村に師事、明治十六年（一八八三）、東京帝国大学古典講習科に入学。中退の後、大阪朝日新聞社に入り、明治四十三年（一九一〇）、懐徳堂記念会を創設し、大阪朝日新聞に「懐徳堂研究」を連載して、その顕彰に努めた。その連載をまとめた『懐徳堂考』は、今日においても、懐徳堂研究の最も基本的な文献としての価値を持つ。

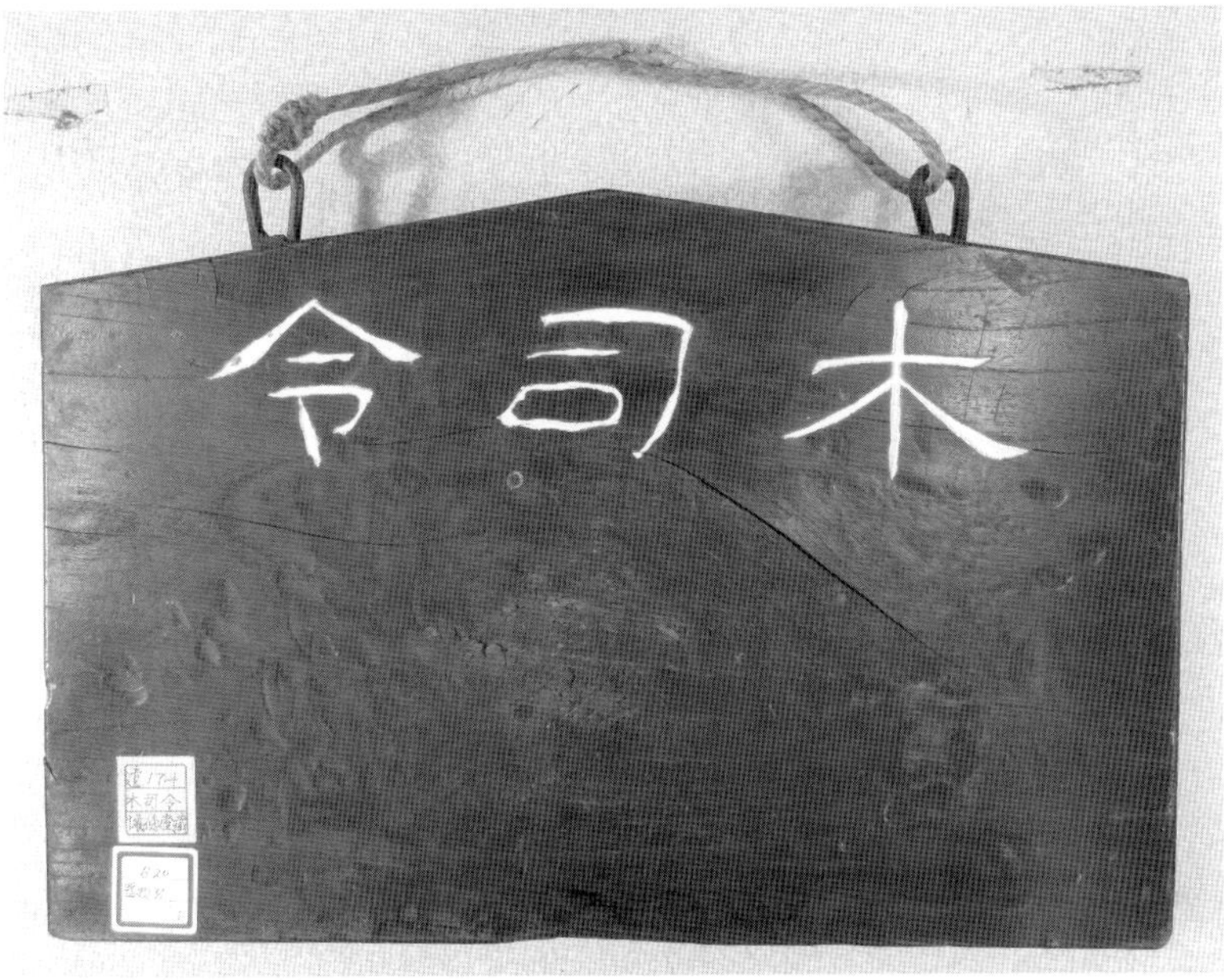

木司令（表）

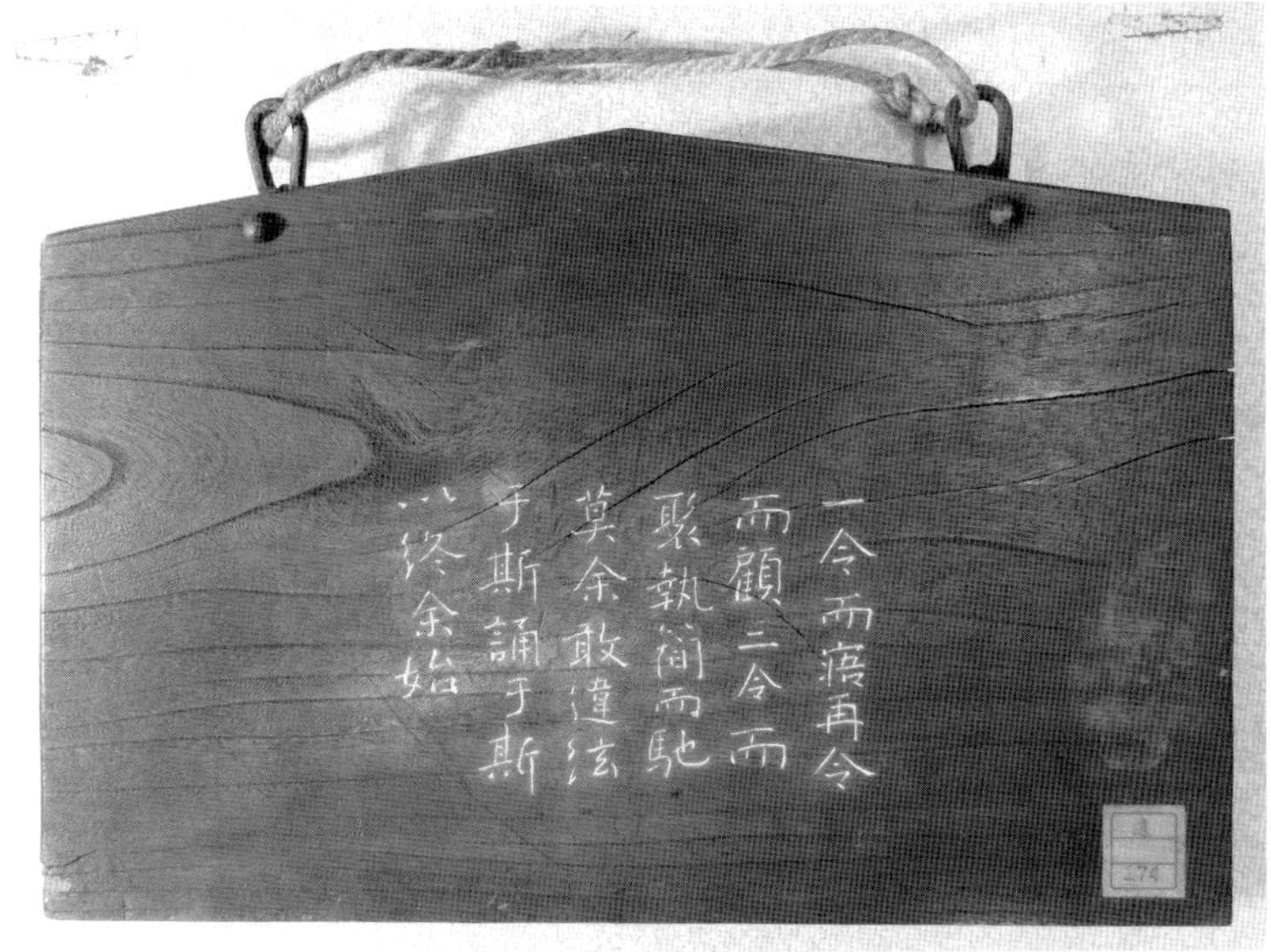

木司令（裏）

木司令《もくしれい》

懐徳堂で使用されていた樫《かし》製の柝《たく》（ひょうしぎ）。上辺各二〇・〇、下辺三八・八、左右辺各二二・四。開講を告げる合図として用いられた。絵馬のような五角形で、上二辺の中程にそれぞれ鉄製の釣具がつけられており、そこに縄をかけて吊り下げられるようにしてある。材は、厚さ四・三㎝、重さ三・四kgの重厚な樫木である。

表面には「木司令」の三字が、また裏面には「一令而寤、再令而顧、三令而聚、執簡而馳、莫余敢違、紘于斯、誦于斯、以終余始」との字句が、ともに陰刻され、白い顔料で埋められている。銘文はともに中井蕉園《しょうえん》の筆に係る。

大正時代に再建された重建懐徳堂でも、開講の合図はこの拍子木によっていたという。また、明治四十四年（一九一一）に挙行された懐徳堂師儒公祭《しじゅこうさい》（懐徳堂記念祭）においても、式典の進行の合図として使用された。

懐徳堂師儒公祭

江戸時代の懐徳堂の儒者を偲ぶ記念式典。懐徳堂記念祭ともいう。懐徳堂記念会が母体となって、明治四十四年（一九一一）、中之島公会堂において第一回の式典が挙行された。発起人には、高崎親章（大阪府知事）、植村俊平（大阪市長）、村山龍平（朝日新聞社長）、本山彦一（大阪毎日新聞社長）、住友吉左衛門（住友銀行社主）、鴻池善右衛門（鴻池銀行社主）など、政財言論界の著名人が名を連ねている。昭和二十年（一九四五）の重建懐徳堂の焼失によって断絶したが、その精神は、戦後の記念会における「懐徳忌《かいとくき》」として引き継がれている。

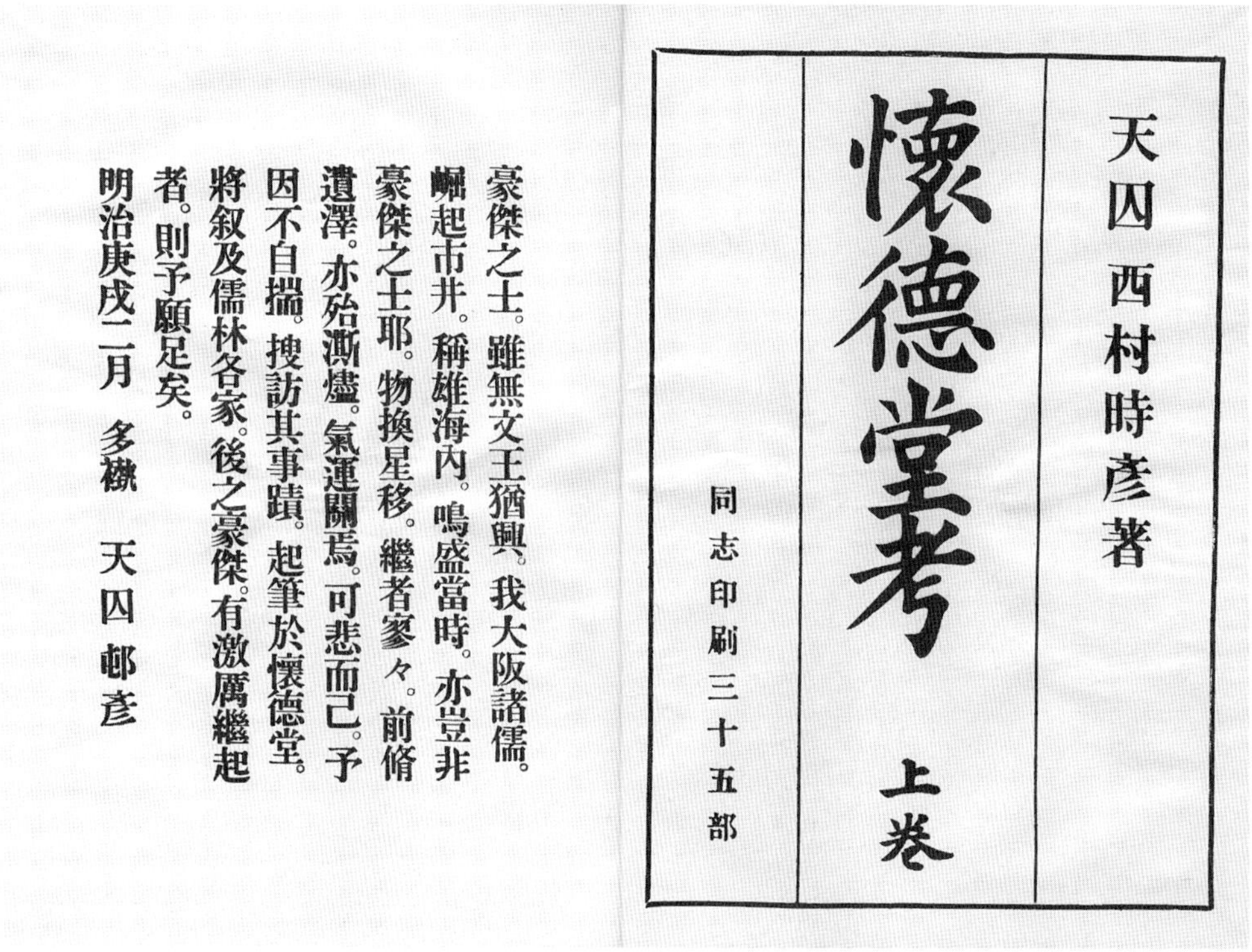

天囚 西村時彦著

懐徳堂考 上巻

同志印刷三十五部

豪傑之士。雖無文王猶興。我大阪諸儒。崛起市井。稱雄海內。鳴盛當時。亦豈非豪傑之士耶。物換星移。繼者寥々。前脩遺澤。亦殆澌盡。氣運關焉。可悲而已。予因不自揣。搜訪其事蹟。起筆於懷德堂。將叙及儒林各家。後之豪傑。有激厲繼起者。則予願足矣。

明治庚戌二月　多褹　天囚　邨彦

懐徳堂考《かいとくどうこう》

西村天囚による懐徳堂研究の書。明治四十三年（一九一〇）、西村天囚（朝日新聞記者、のち京大講師）は、懐徳堂記念会を創設し、大阪朝日新聞に「懐徳堂研究其の一」を連載して、その顕彰に努めた。本書はこの連載を基に、明治四十三年三月に『懐徳堂考上巻』として三十五部、翌年に『懐徳堂考下巻』として七十五部刊行され同志に配布されたものである。その後、大正十四年（一九二五）に、懐徳堂記念会より重印され、また、昭和五十九年（一九八四）、懐徳堂友の会より、初印本の復刻がなされた。内容は、三宅石庵・五井蘭洲から並河寒泉に至る懐徳堂百四十余年の歴史を通覧したものであり、今日においても、懐徳堂研究の最も基本的な文献としての価値を持つ。

上巻は、懐徳堂の創建された当時の、大坂の学問的背景の説明（序説）、五井持軒（五井蘭洲の父）から三宅春楼までの主要人物、および懐徳堂の同志について解説する。下巻は、上巻の概要、中井竹山、中井履軒の解説に始まって、並河寒泉、懐徳堂の廃絶までを述べる。また、復刻版には、『懐徳堂考』を重印する際に加えられた、懐徳堂教授松山直蔵の序文および口絵写真二三葉、さらに人名索引を付載した『懐徳堂考付録』（別冊、全五十頁）が付けられた。

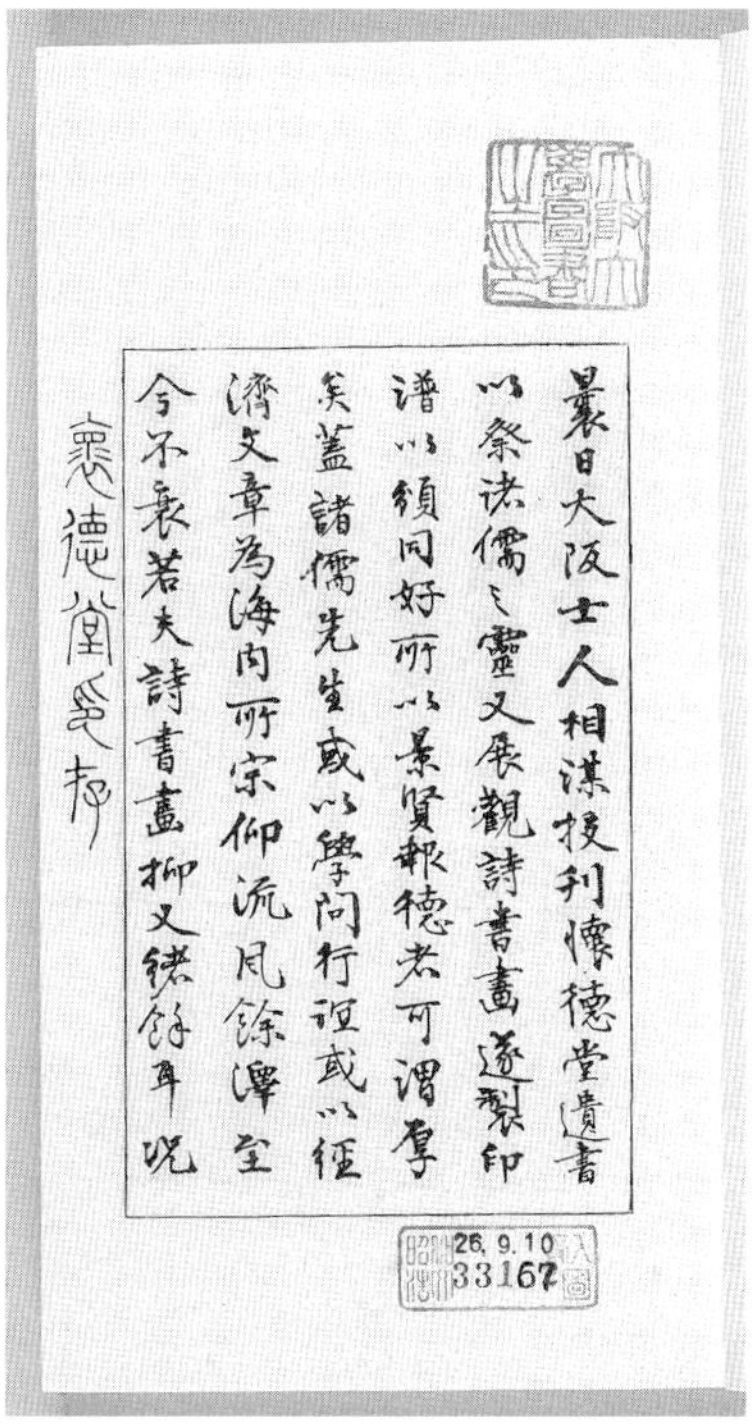

懐徳堂印存《いんぞん》

大正元年（一九一二）、懐徳堂記念会によって刊行された印譜。中井木菟麻呂《つぐまろ》所有の竹山・履軒らの印章を懐徳堂記念会が借りて印譜を作成し、線装本二冊として百部限定で刊行したもの。竹山八十四顆《か》（顆は印章の単位）、履軒五十四顆、蕉園十六顆、碩果四顆、柚園十七顆、桐園三十顆が収められている。また、三宅石庵は終生印章を使用せず、中井甃庵、五井蘭洲、三宅春楼などの印章は散佚のため、収められていない。巻末に西村天囚および中井木菟麻呂の跋文が付載されている。

重建懐徳堂

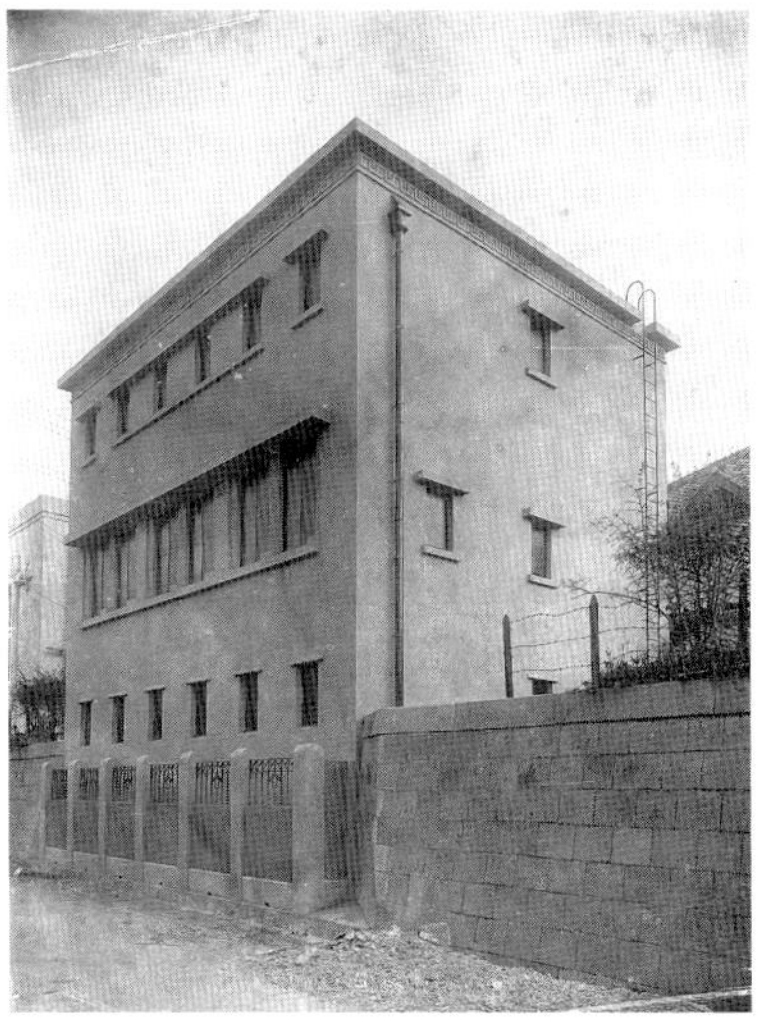

書庫棟

玄関前にて

重建《ちょうけん》懐徳堂

大正二年（一九一三）に設立された財団法人懐徳堂記念会が、大正五年（一九一六）に東区豊後町（現・中央区本町橋）に建てた学舎。昭和二十年（一九四五）三月の大阪大空襲によって焼失（書庫を除く）するまで、大阪市民のための授業が行われた。授業には、中国の古典と日本の古典とを中心にした講義（平日の夕刻と日曜の午後の一週五回）、人文科学の高度な内容の定期講演（毎週土曜日）、一般教養的な通俗講演（月に一～二回）、年少者を対象とする素読《そどく》科などがあった。

重建懐徳堂の事業運営費は、ほとんどが財団の基本財産と寄付とで賄われており、講演は無料、講義も低額の堂費（月額二十銭から二円）で受講できたため、多数の市民が来聴し、大阪の文科大学・市民大学の役割を果たした。

なお、コンクリート造りの書庫に収められていて戦災を免れた重建懐徳堂の蔵書三万六千点は、昭和二十四年（一九四九）、懐徳堂記念会から一括して大阪大学に寄贈された。その図書目録として『懐徳堂文庫図書目録』（大阪大学文学部、昭和五十一年）がある。

中井木菟麻呂『秋霧記』

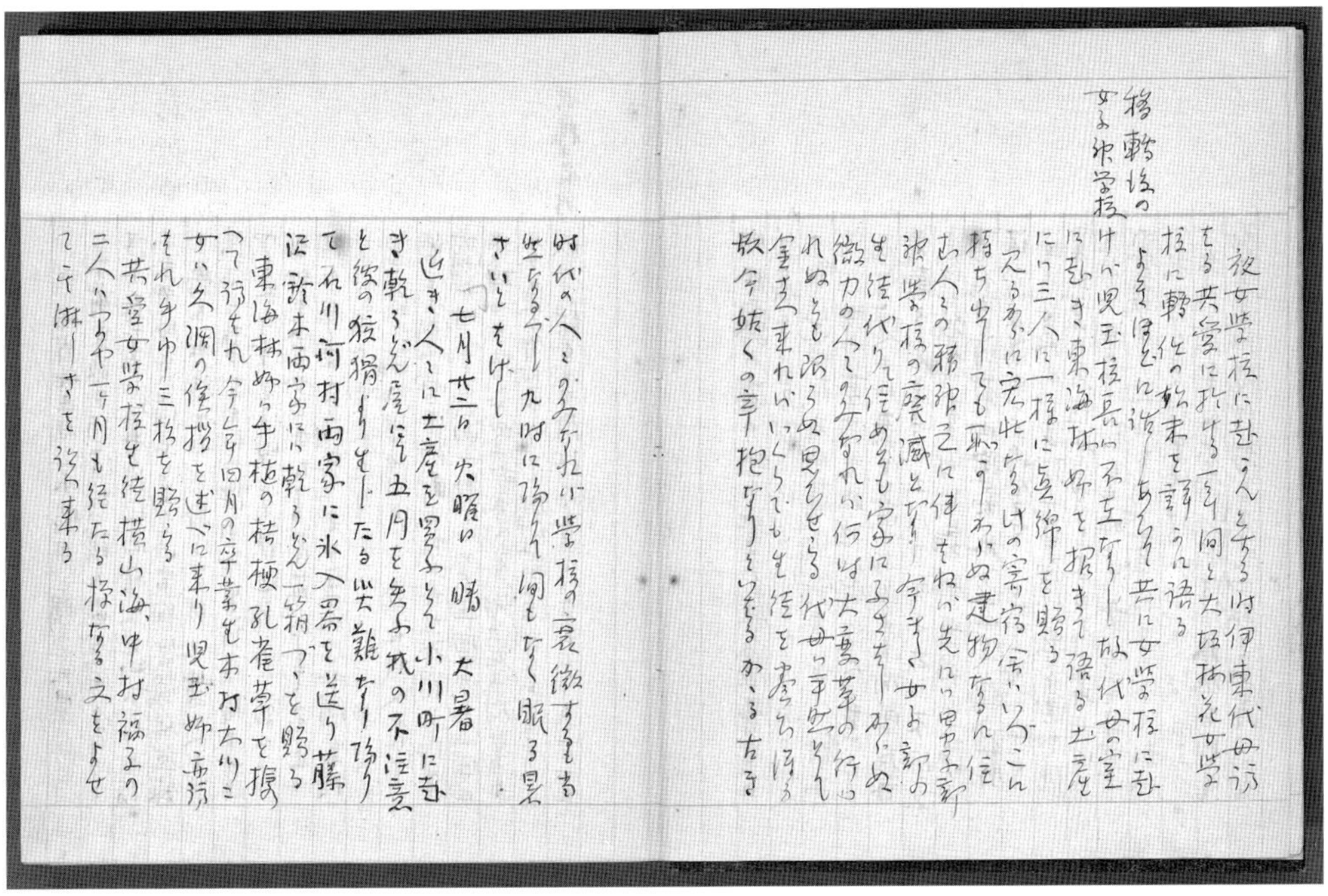

中井終子『うば玉の闇夜の記』（資料提供：梅花学園資料室）

中井木菟麻呂『秋霧記《しゅうむき》』

明治三十四年（一九〇一）七月から大正三年（一九一四）末までの中井木菟麻呂の日記。全三帙、二十七冊。この時期における木菟麻呂と懐徳堂記念会との関係を理解する上で、きわめて貴重な資料である。また、木菟麻呂がニコライ大主教とともに正教会の祈祷書類の翻訳に取り組む様子や、東京女子神学校での勤務の状況等についても克明に記されている。

なお、懐徳堂文庫（新田文庫）には、この『秋霧記』の他、『黄裳斎日記《こうしょうさい》』（明治二十八年～明治三十三年）、『鶴室記《かくしつき》』（大正四年～大正九年）、『呉江目録《ごこう》』（大正十年）、『翢中記《ほうちゅうき》』（大正十四年～大正十五年）、『桜陵記《おうりょうき》』（大正十五年～昭和七年）、『桜谷記《おうこくき》』（昭和七年～昭和十二年）、『薜茘窩記《へいれいかき》』（昭和十二年～昭和十四年）、『後水哉館記《ごすいさいかんき》』（昭和十四年～昭和十八年）などの木菟麻呂の日記もある。

中井終子日記

一方、妹の終子の日記は、『楓幃《ふうい》日記』十巻、『うば玉の闇夜《やみよ》の記』二巻などからなり、アルバムに貼られた関係写真とともに、現在、梅花学園（梅花女子大学）に保管されている。これは、終子がかつて梅花学園の教員として女子教育に尽力したことによるものである。

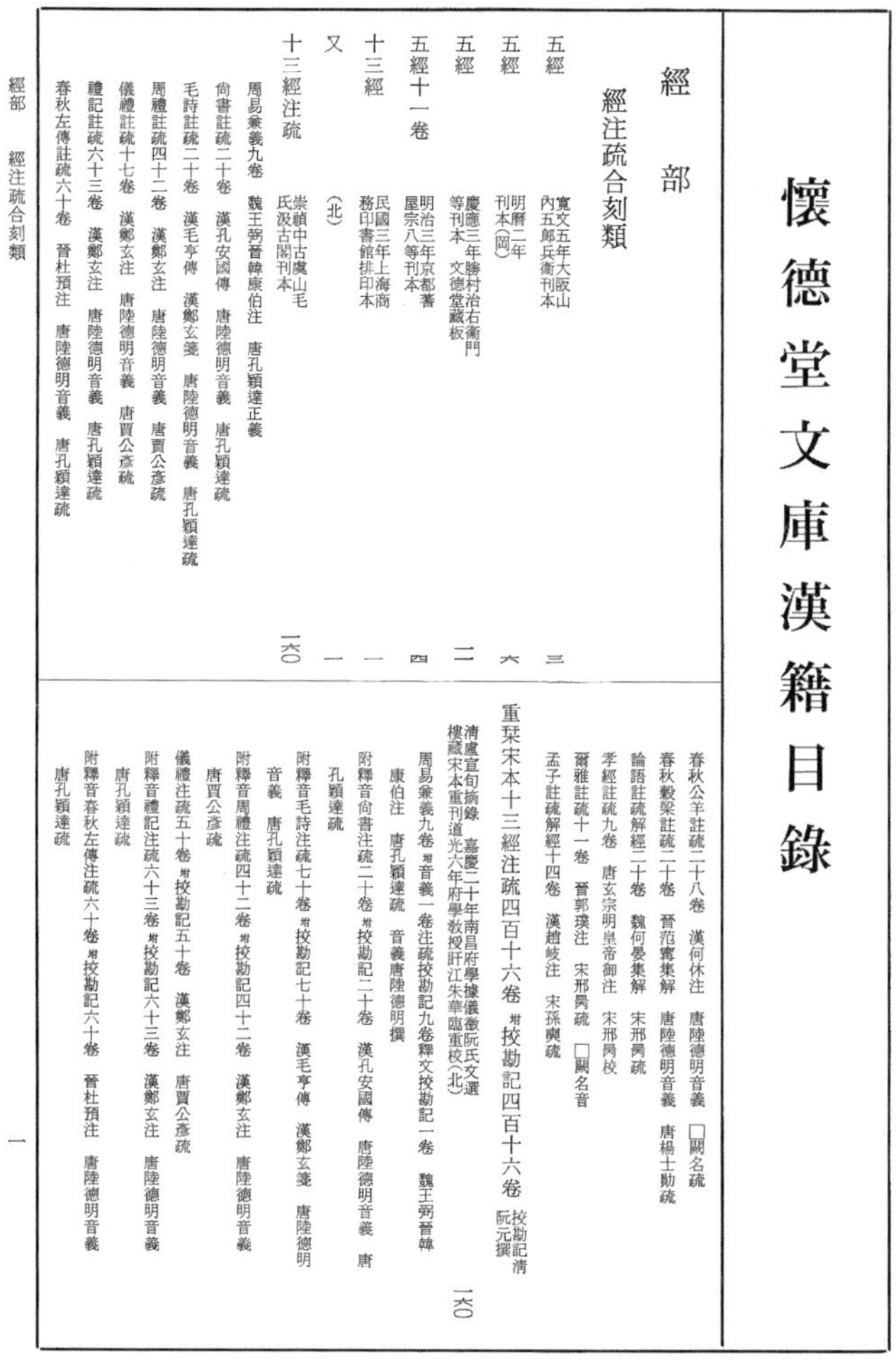

懷德堂文庫漢籍目錄

經部

經注疏合刻類

五經　寬文五年大阪山内五郎兵衛刊本　三
五經　明暦二年刊本(岡)　六
五經　慶應三年勝村治右衛門等刊本　文德堂藏板　二
五經十一卷　明治三年京都書屋宗八等刊本　四
十三經　民國三年上海商務印書館排印本　一
又　(北)　一
十三經注疏　崇禎中古虞山毛氏汲古閣刊本　一六〇
周易兼義九卷　魏王弼晉韓康伯注　唐孔穎達正義
尙書註疏二十卷　漢孔安國傳　唐陸德明音義　唐孔穎達疏
毛詩註疏二十卷　漢毛亨傳　漢鄭玄箋　唐陸德明音義　唐孔穎達疏
周禮註疏四十二卷　漢鄭玄注　唐陸德明音義　唐賈公彥疏
儀禮註疏十七卷　漢鄭玄注　唐陸德明音義　唐賈公彥疏
禮記註疏六十三卷　漢鄭玄注　唐陸德明音義　唐孔穎達疏
春秋左傳註疏六十卷　晉杜預注　唐陸德明音義　唐孔穎達疏
春秋公羊註疏二十八卷　漢何休注　唐陸德明音義　□闕名疏
春秋穀梁註疏二十卷　晉范甯集解　唐陸德明音義　唐楊士勛疏
論語註疏解經二十卷　魏何晏集解　宋邢昺疏
孝經註疏九卷　唐玄宗明皇帝御注　宋邢昺校
爾雅註疏十一卷　晉郭璞注　宋邢昺疏　□闕名音
孟子註疏解經十四卷　漢趙岐注　宋孫奭疏
重栞宋本十三經注疏四百十六卷 附校勘記四百十六卷　校勘記清阮元撰　一六〇
清盧宣旬摘錄　嘉慶二十年南昌府學據儀徵阮氏文選樓藏宋本重刊道光六年府學教授盱江朱華臨重校(北)
周易兼義九卷 附音義一卷注疏校勘記九卷釋文校勘記一卷　魏王弼晉韓康伯注　唐孔穎達疏　音義唐陸德明撰
附釋音尙書注疏二十卷 附校勘記二十卷　漢孔安國傳　唐陸德明音義　唐孔穎達疏
附釋音毛詩注疏七十卷 附校勘記七十卷　漢毛亨傳　漢鄭玄箋　唐陸德明音義　唐孔穎達疏
附釋音周禮注疏四十二卷 附校勘記四十二卷　漢鄭玄注　唐陸德明音義　唐賈公彥疏
儀禮注疏五十卷 附校勘記五十卷　漢鄭玄注　唐賈公彥疏
附釋音禮記注疏六十三卷 附校勘記六十三卷　漢鄭玄注　唐陸德明音義　唐孔穎達疏
附釋音春秋左傳注疏六十卷 附校勘記六十卷　晉杜預注　唐陸德明音義　唐孔穎達疏

經部　經注疏合刻類　一

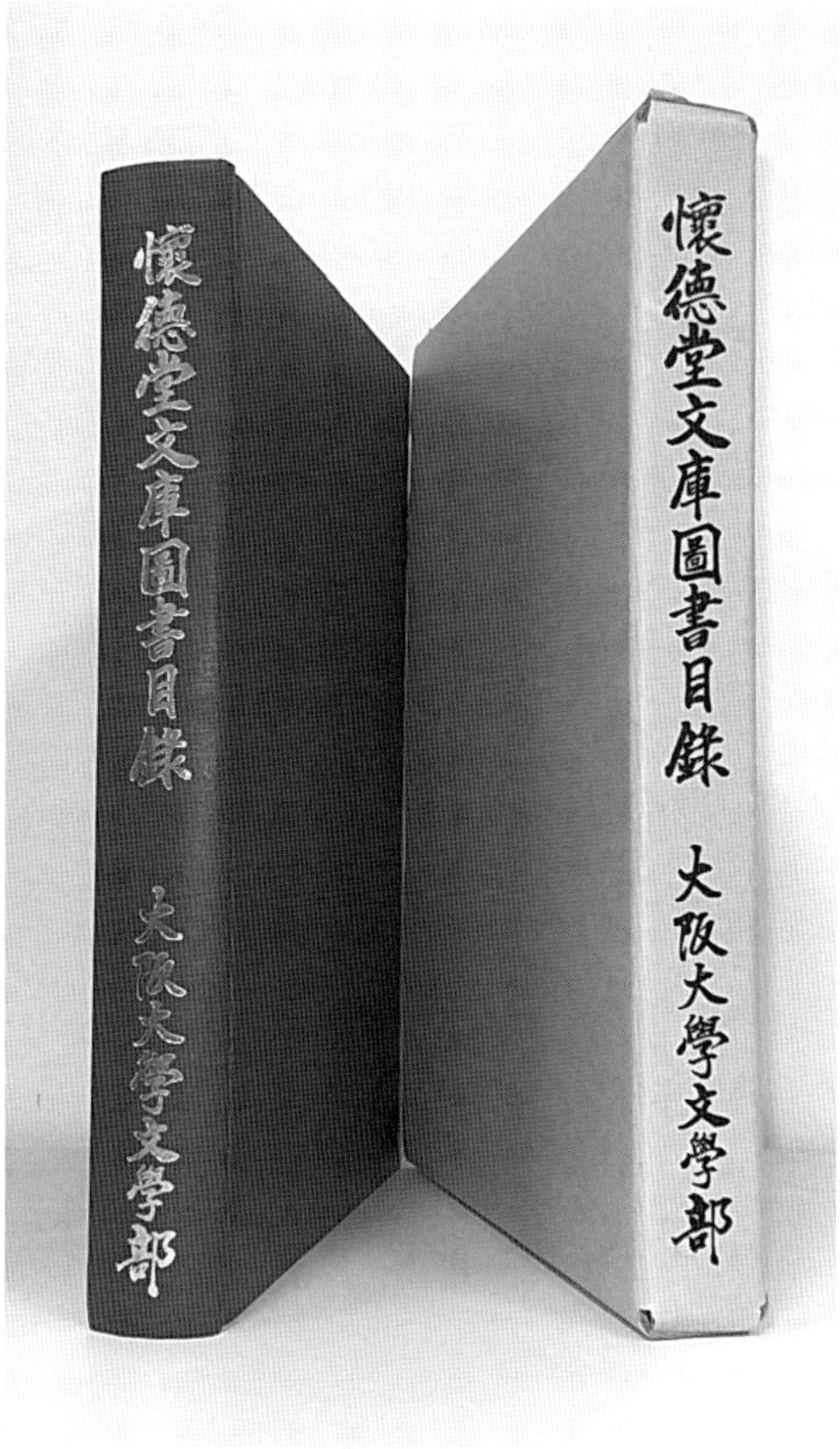

懐徳堂文庫図書目録

大阪大学所蔵懐徳堂文庫図書の目録。昭和五十一年（一九七六）、大阪大学文学部編集・発行。全体は、「漢籍の部」「国書の部」から成る。「漢籍の部」は、伝統的な四部分類（経部、史部、子部、集部）に叢書部・新学部を加えた六部からなり、さらに各々の内部が『京都大学人文科学研究所漢籍目録』に準じて細分されている。「国書の部」は日本十進分類法により、細目内の配列は五十音順とする。両部とも、各書籍については、撰者、刊年、刊行者などの書誌情報を簡明に注記する。また各々の末尾に書名索引を付す。

本目録に収載されるのは、懐徳堂記念会所蔵・蒐集図書（旧懐徳堂先賢著述・蔵書・関係子記録、重建懐徳堂期の蒐集に係る研究用漢籍・和刻本・朝鮮本など約三万六千冊）の他、北山《ほくざん》文庫（重建懐徳堂最後の教授吉田鋭雄（号は北山）旧蔵漢籍約四千四百冊）、木間瀬《きませ》文庫（懐徳堂記念会元理事木間瀬策三旧蔵書幅五六点）、岡田文庫（岡田伊左衛門旧蔵詩文関係和漢書約六千冊）である。

なお、大阪大学所蔵のいわゆる「懐徳堂文庫」は、これらに加えてさらに、新田文庫（約三六〇〇点）・中井家文書（懐徳堂最後の学問所預り人中井桐園の孫・新田和子氏所蔵和漢書・掛け軸・器物類約五六〇点）、並河寒泉文庫（懐徳堂最後の学主並河寒泉の著述および旧蔵書一五五点）、逆瀬文庫（逆瀬家旧蔵書幅・短冊・扇面五二点）、吉永文庫（経済法科大学教授吉永孝雄氏旧蔵巻子・帖など九十点、近世文人・幕末維新の著名人の書簡など約四百通）、戦後の懐徳堂記念会・友の会蒐集品若干点などを包括するもので、これらの総計は約五万点にのぼる。

また、この目録は、現在、「WEB懐徳堂 http://kaitokudo.jp/」で全頁を閲覧できる。

大阪大学附属図書館

大阪大学附属図書館

大阪大学の附属図書館。昭和六年（一九三一）、大阪大学の創立と同時に設置された。現在、豊中キャンパスの総合図書館、吹田キャンパスの生命科学図書館、理工学図書館、箕面キャンパスの外国学図書館から成り、書籍約四〇〇万冊、雑誌七万タイトル（平成二十七年度現在）。

平成八年（一九九六）に開設したホームページ http://www.library.osaka-u.ac.jp には、「蔵書目録ＯＰＡＣ」の他、貴重資料を公開する「電子化資料」のコーナーがあり、ここに「電子展示で見る懐徳堂」として、懐徳堂関係の図版約七十点、および図書館所蔵の貴重書九点の全文を画像で掲載している。

平成十二年（二〇〇〇）には、附属図書館新館（豊中キャンパス総合図書館）が増築され、翌年夏、旧貴重図書コーナーから新館六階の貴重図書室へ、懐徳堂関係資料約五万点の総合移転が行われた。

なお、公益財団法人図書館振興財団の助成金（平成二十五（二〇一三）年度・平成二十七（二〇一五）年度）を受けて、「懐徳堂文庫目録遡及事業」「大阪大学附属図書館所蔵貴重書コレクション「懐徳堂文庫」のデータベース公開事業」が進められ、大阪大学附属図書館の「蔵書目録ＯＰＡＣ」上で、懐徳堂文庫五万点のうち約二万点の貴重書の検索が可能になった。また、平成二十八年（二〇一六）三月より、懐徳堂文庫貴重資料のうち、計一二二点四二三冊のデジタル画像を「ＷＥＢ懐徳堂」上で閲覧できるようになった。

華胥国門額　修復前

懐徳堂貴重資料の修復

二百年を超えた貴重資料には、劣化という問題がつきまとう。経年劣化はいかんともしがたく、また、大阪大学に収蔵される以前の状態がきわめて悪かったものもある。

そこで、大阪大学では、平成十七年（二〇〇五）以降、デジタルアーカイブ事業と並行して、資料の修復作業にも積極的に取り組んでいる。特に平成二十一年（二〇〇九）には、大阪大学後援会の支援を得て、貴重資料三十二点の修復が実施され、また、平成二十一年度の財団法人朝日新聞文化財団の文化財保護助成に採択されて、「帰馬放牛図」二幅の修復も実現した。

本図録では、修復対象資料については、これまで、修復後の資料を掲載してきたのであるが、ここでは、あえて修復前の状態を示し、修復の意義と課題について解説することとしたい。なお、修復前後の技術的な解説については、修復を担当した（株）大入の報告書を参考にしている。

華胥国門額《かしょこくもんがく》 （23頁参照）

（修復前）経年の擦れや虫損により、表面が損傷している箇所、下地（杉板）まで見えている箇所があり、特に周囲の劣化が著しかった。

（修復後）本紙を下地から解体し、欠損部分に薄美濃紙と生麩糊を用いて繕いを施し、裏打ちした。修復した本紙を下地に貼り込んだ。特に、螺鈿模様が見事に再現された。

帰馬放牛図《きばほうぎゅうず》 （8頁参照）

（修復前）二幅とも本紙のほぼ同位置に大きな欠損や、画面に対して横に走った破断、損傷が見られた。襖から掛け軸に変更するまでに、本紙を二枚重ね、巻いて保存した期間があり、欠損や破断、亀裂はその際にできたと推測される。また、補彩箇所が本紙になじんでおらず、鑑賞の妨げになっていた。

（修復後）本紙を表装から解体し、膠水溶液を用いて、墨、彩色の定着の弱い箇所に剥落止めを施した。浄化水と綿棒を用い、旧補彩箇所を除去した。本紙基調色に染めた繕い紙で欠損部を繕った。繕いを入れた箇所を補彩し、本紙と調和させた。これらの結果、汚れや損傷の印象が薄くなり、構図も細部も明瞭になって、鑑賞に堪えうるようになった。

聖賢扇《せいけんおうぎ》 （29頁参照）

（修復前）本紙表面の雲母引きが、長年畳まれた状態で固着、剥離していた。本紙に経年の汚れ、変色、亀裂が見られた。

（修復後）本紙の裏表を骨から解体し、欠損部を繕って裏打ちを施した。元の骨を使い修復した本紙で扇子に仕上げた。

中庸錯簡説　修復前

入徳門聯　修復前

入徳門聯《にゅうとくもんれん》（15頁参照）

（修復前）経年による汚れが見られ、文字・落款の一部が剥落していた。また、乾燥による亀裂があり、補強用のガムテープが貼られていた。

（修復後）有機溶剤を用い、ガムテープを除去。膠水溶液を用い、文字・落款に剥落止めを施した。割れていた箇所をアクリルエマルジョンで接合し、外観を損なわないよう裏側から木材を使って補強した。

中庸錯簡説《ちゅうようさっかんせつ》（21頁参照）

（修復前）本紙が硬く、多数の縦折れが見られた。本紙・縁ともに虫損が見られた。本紙の肌浮きが見られた。総裏紙のフォクシング（茶褐色の染みや斑点）が著しかった。特に、本紙の折れは巻子閲覧を非常に困難にしていた。

（修復後）本紙を巻子装から解体し、膠水溶液を用いて、墨、落款に剥落止めを施した。旧裏打紙を除去し、楮紙にて生麩糊を用い、肌裏打を施した。折れの箇所に折れ伏せを入れ、表紙、見返しは新調とし、羽二重で包み、太巻き芯付き、桐箱収納とした。

こうして修復は順調に実施されたのであるが、修復そのものの持つ恐ろしさにも留意する必要がある。右の「帰馬放牛図」も、いつかの時点で欠損部に補彩が行われていた。それが本紙になじんでおらず、このたびの修復では、まずこの補彩部分を除去する必要があった。また、「入徳門聯」も、いつかの時点で亀裂部の裏側からガムテープが貼られていた。亀裂をなんとか食い止めたいという意識であったと思われるが、ガムテープが資料の劣化に拍車をかけることは言うまでもない。

このように、修復とは、それを行った人の見識が如実に表れてしまう作業である。しかも杜撰な修復は、後世に大きな禍根を残す。くれぐれも慎重に行わなければならないのである。見事によみがえった懐徳堂資料から、資料修復の重要性が痛感されるであろう。

「WEB 懐徳堂」懐徳堂印章展示

デジタルアーカイブ化事業

平成十三年（二〇〇一）の大阪大学創立七十周年記念事業で、懐徳堂のデジタルアーカイブ化が進められた。具体的には、コンピューターグラフィックによる旧学舎の復元（いわゆるバーチャル懐徳堂）、懐徳堂貴重資料のデータベース化である。ただ、これは、記念事業として、わずか二日間の公開に終わったため、その後の事業継続が大きな課題として残された。

その受け皿となったのが、平成十三～十五年度の科学研究費基盤研究（A）「デジタルコンテンツとしての懐徳堂研究」である。ここでは、記念事業で制作したデータベースを約五倍に拡大することとし、また、『懐徳堂文庫図書目録』を電子化した「懐徳堂文庫電子図書目録」をWEB上で修訂するなどの共同作業も推進された。

また、この「デジタルコンテンツとしての懐徳堂研究」が終了した後は、大阪大学文学研究科内に設置された懐徳堂研究センターがその事業を引き継いで、「WEB懐徳堂」の運営・拡充に努めている。そこで制作されたデジタルコンテンツは多数にのぼるが、以下ではその中でも特色あるものを取り上げてみたい。

「WEB懐徳堂」（http://kaitokudo.jp/）所収主要デジタルコンテンツ

（1）「懐徳堂印章展示」……懐徳堂文庫に残されている二四〇顆《か》を越える印章（16～17頁参照）をデジタルアーカイブ化したもの。3D画像により、印をマウス操作で回転させ、あらゆる角度から確認することができる。また、中井竹山・中井履軒の印については、そのすべてを印譜『懐徳堂印存』と対照しながら閲覧できる。

（2）「懐徳堂絵図屏風展示」……懐徳堂文庫に残されている巨大な屏風（32～33頁参照）をデジタルアーカイブ化したもの。一双十二面からなる屏風に貼り付けられた歴代の懐徳堂学舎の様子を閲覧することができる。

（3）「左九羅帖《さくらじょう》」……中井履軒の著した動植物図鑑（本草書）『左九羅帖』（26～27頁参照）の全ページをデジタルブックとして公開するもの。簡単なマウス操作により、実際に本をめくるようにして、全ページを閲覧できる。

（4）「懐徳堂四書」……懐徳堂を代表する四書注釈の内、中井履軒の『大学雑議』『中庸逢原』『論語逢原』『孟子逢原』を取り上げて、その全容を紹介するもの。

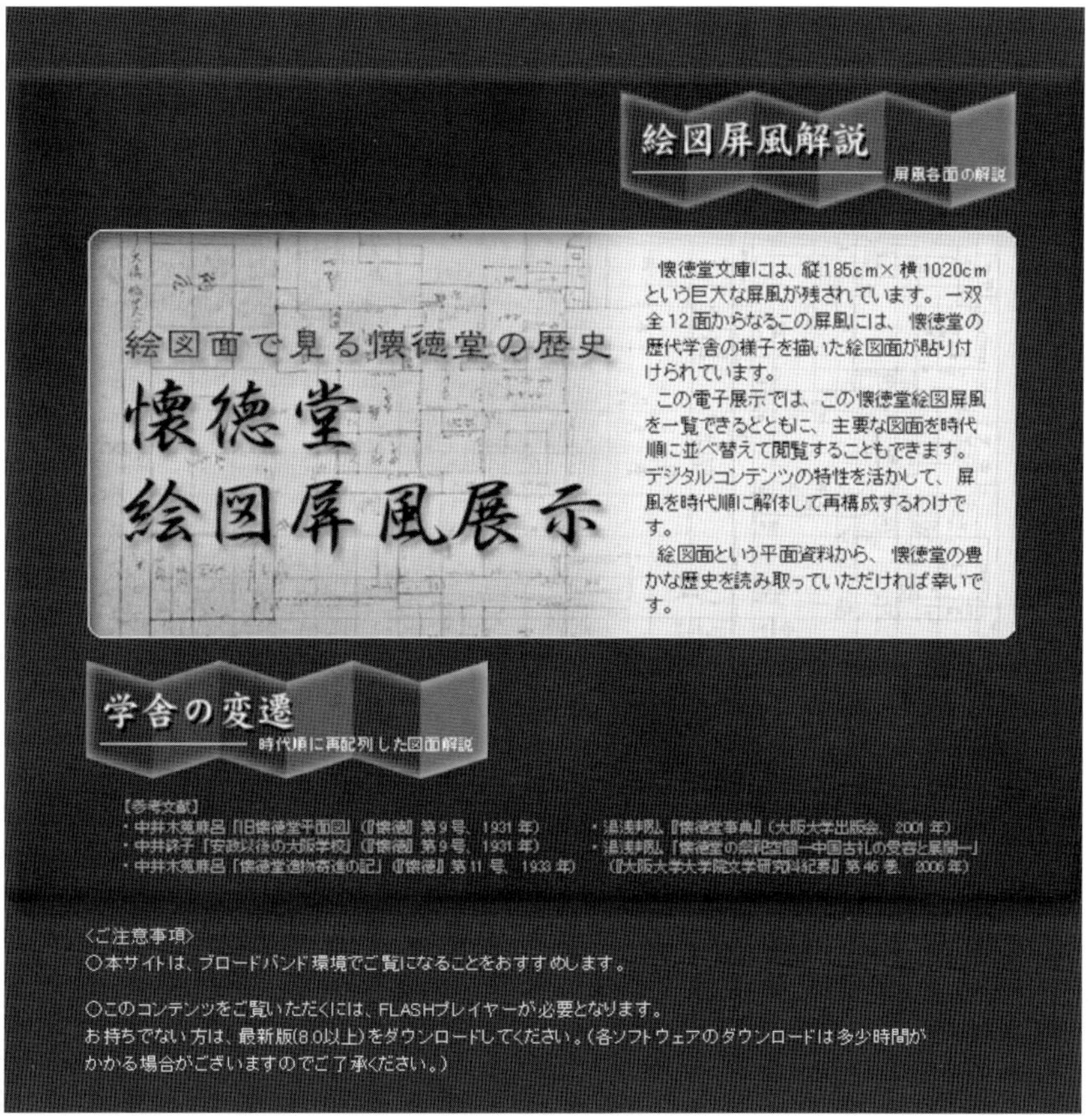

「WEB 懐徳堂」懐徳堂絵図屏風展示

『大学雑議』と『中庸逢原』については、朱子の「章句集注」との違いを視覚的に明らかにする「対照ツール」を付けている。

(5)「天図シミュレーション」……中井履軒が作成した木製の天体模型「天図」（30頁参照）を動かしてみる（シミュレーションできる）もの。これにより、履軒の天体観が、天動説と地動説を折衷したような、修正天動説の立場にあったことがよく理解できる。

(6)「越俎《えつそ》弄筆《ろうひつ》」……中井履軒の医学書『越俎弄筆』（28頁参照）をデジタルブックとして公開したもの。単に全ページを閲覧できるだけではなく、重要な語句、印記などには、閲覧者のマウスクリックを促す赤枠を付け、それをクリックすると辞書画面が開いて、読解を支援するように工夫されている。

(7)「懐徳堂文庫蔵版木『画本大阪新繁昌詩』」……懐徳堂文庫に残されている約三百枚の版木の中から、最も保存状態の良い『画本大阪新繁昌詩』をデジタル化したもの。木版印刷の時代の原版であり、また著作権の保有を意味していた版木は、世界にも、そう多くは現存していない。このコンテンツでは、版木と版本を対照させ、その版本が実際に懐徳堂の版木で刷られたものであるかどうかを検証することもできる。

(8)「論語聞書」……『論語聞書』（52頁参照）をデジタル化したもの。『論語聞書』とは、懐徳堂初代学者の三宅石庵や、五井蘭洲の父の五井持軒の『論語』講義を筆録した貴重な資料。全六冊すべての頁を精細な画像で公開している。江戸時代の学者たちがどのような口調で講義をしていたのか、その雰囲気が伝わってくるような資料である。

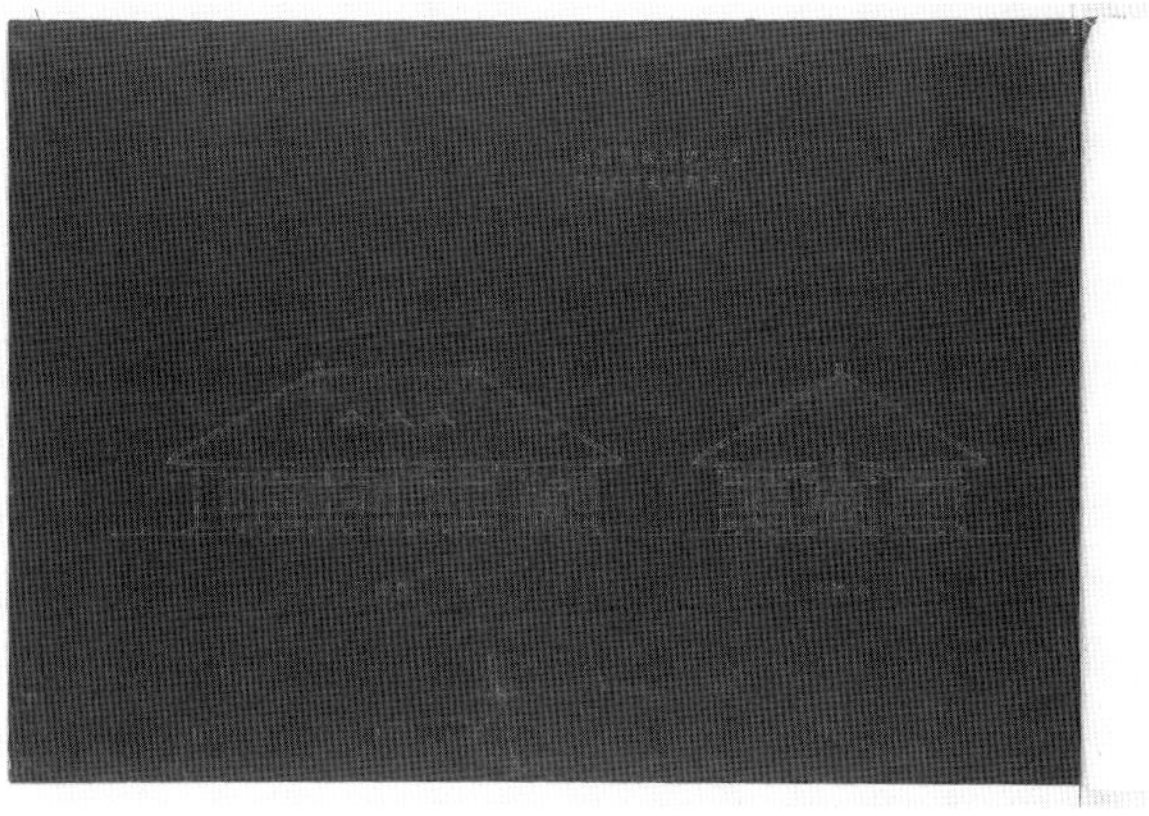

重建懐徳堂設計図

重建懐徳堂復元模型

重建懐徳堂復元模型の制作

平成十二年（二〇〇〇）、懐徳堂研究会（事務局：大阪大学中国哲学研究室）による懐徳堂文庫資料の総合調査が始まった。この研究会は、その翌年の大阪大学創立七十周年記念事業に向けて組織化されたもので、記念事業の一環として公開された懐徳堂貴重資料のデータベースの作成に貢献した。また、この研究会メンバーが中心となって、同じく平成十三年の大阪大学附属図書館新館設立に伴う懐徳堂文庫移転作業を進め、資料の整理・調査を行った。

この一連の作業の中で、懐徳堂文庫の中に、重建懐徳堂の設計図面（青焼き）が残っていることが確認された。主な図面は全五枚からなり、表紙に「大正四年九月懐徳堂設計図　竹中工務店」とあった。

大阪大学文学研究科では、この図面を竹中工務店に持ち込み、鑑定を依頼したところ、この設計図面は当時の本物（実物）であること、この図面に基づいて復元模型を制作することが可能であること、などが確認された。

その後、竹中工務店のご厚意により、この図面に基づく復元模型が作成され、平成十七年（二〇〇五）十月に大阪大学に寄贈された。復元模型の制作は、重建懐徳堂講堂が建設されてからちょうど九十年後の出来事であった。

第五章　懐徳堂の史跡をたずねる

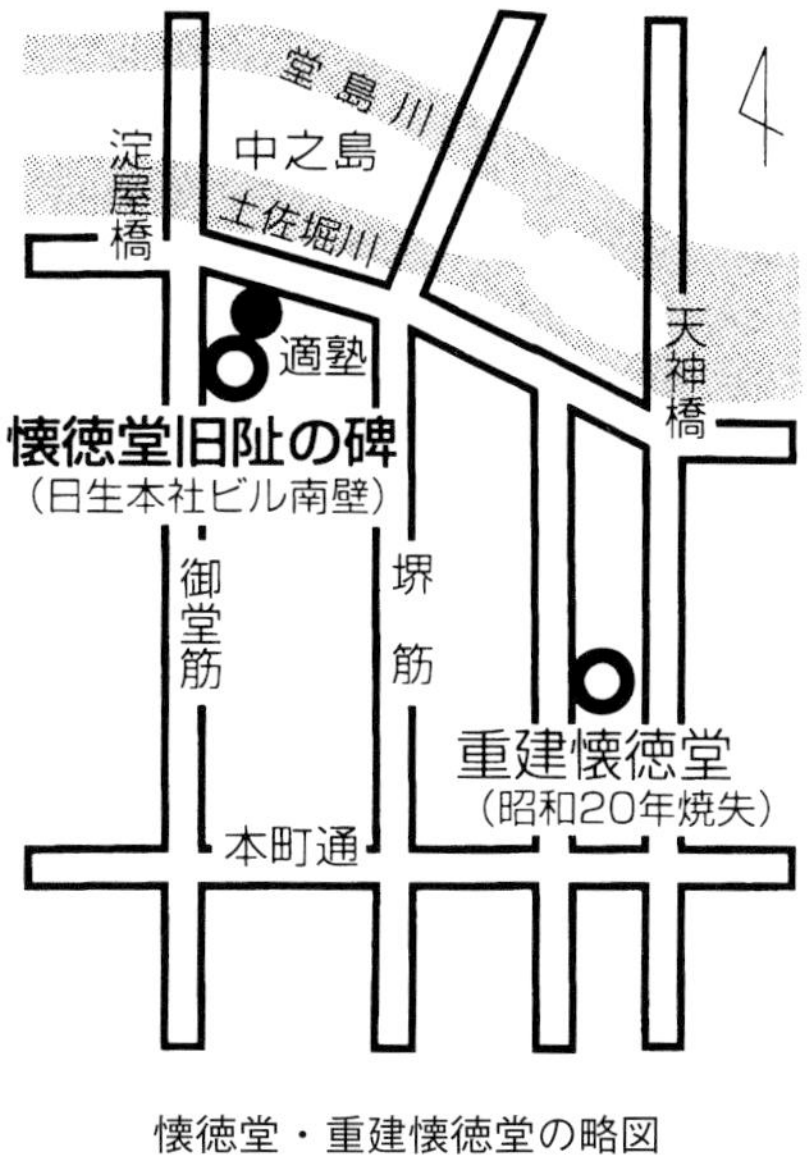

懐徳堂・重建懐徳堂の略図

懐徳堂

史跡マップ

WEB 懐徳堂史跡マップ
http://www.let.osaka-u.ac.jp/kaitokudo/historicmap/

❶懐徳堂旧阯碑

【大阪市中央区今橋3丁目】
《市営地下鉄「淀屋橋」駅8番出口より徒歩5分》

旧懐徳堂の校舎跡に建てられた石碑。昭和37年（1962）、日本生命本店ビルの新築に伴い、同ビルの南側壁面に移され、現在に至っている。

❷適塾

【大阪市中央区北浜3丁目】
《京阪電車・市営地下鉄「淀屋橋」駅または「北浜」駅より徒歩5分》

緒方洪庵（1810～1863）の主宰した蘭学塾。懐徳堂とともに大阪大学の源流となっており、塾舎は、国の史跡・文化財に指定されている。

❸大阪府立中之島図書館

【大阪市北区中之島1－2－10】
《京阪電車・市営地下鉄「淀屋橋」駅より徒歩4分》

大阪府の公立図書館。かつて懐徳堂記念室を設けていた。現在も懐徳堂に関連する貴重資料を収めている。

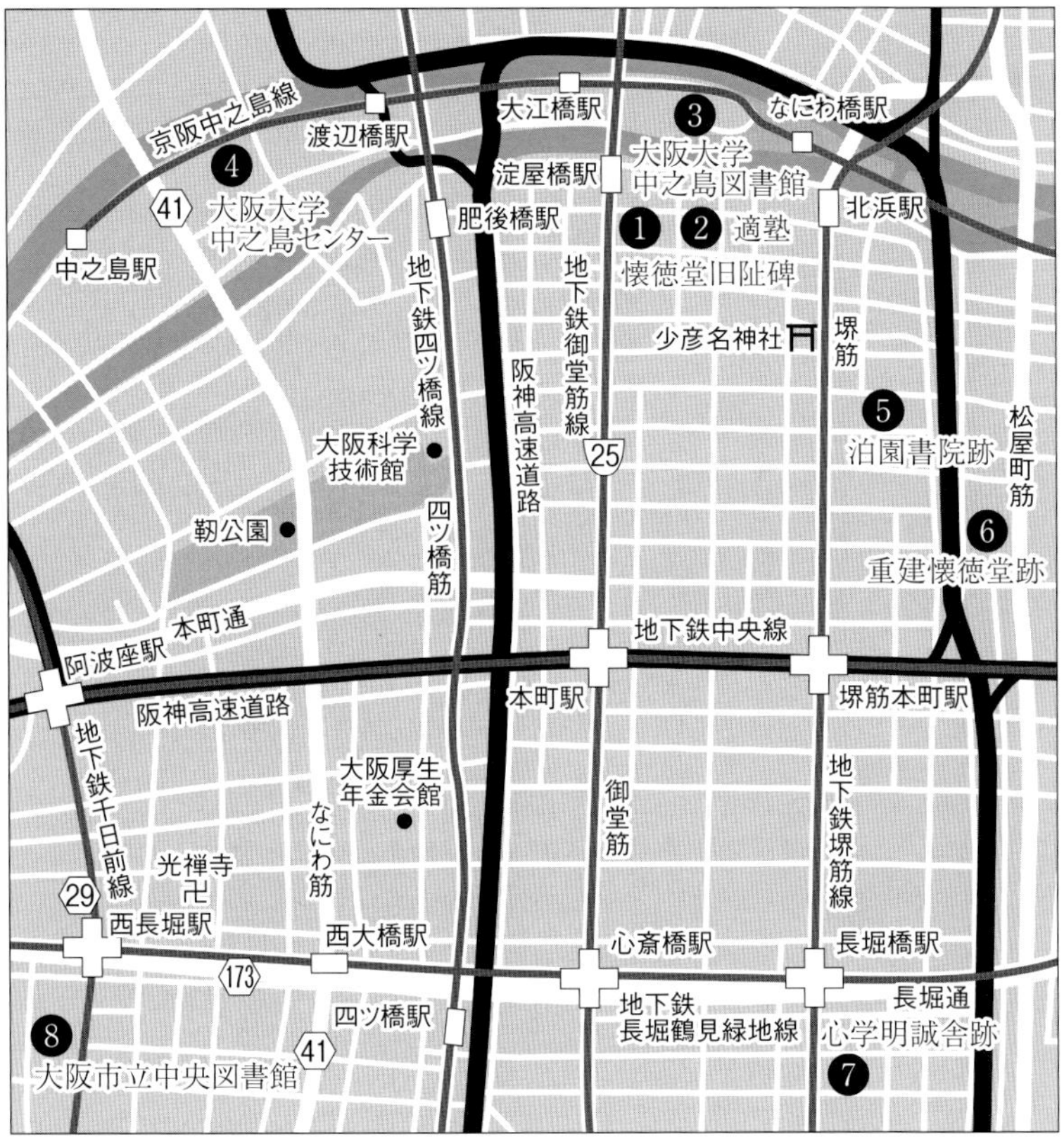

❹大阪大学中之島センター

【大阪市北区中之島4－3－53】
《京阪中之島線「中之島」駅より徒歩約5分》

大阪大学発祥の地「中之島」に「平成の適塾・懐徳堂」として設立された。一階には、懐徳堂や適塾に関する資料が展示されている。

❺泊園書院跡

【大阪市中央区淡路町1丁目】
《市営地下鉄「北浜」駅5番出口より徒歩5分》

藤沢東畡（1794～1864）が開いた学塾の跡。懐徳堂と並ぶ近世大坂の学塾。

❽大阪市立中央図書館・木村蒹葭堂邸跡

【大阪市西区北堀江4－3－2】
《市営地下鉄「西長堀」駅7番出口すぐ》

木村蒹葭堂（1736～1802）は、江戸中期の人で、懐徳堂とも交流があった。大阪市立中央図書館には、蒹葭堂邸跡の記念碑がある。

❼心学明誠舎跡

【大阪市中央区島之内1丁目】
《市営地下鉄「長堀橋」駅6番出口より徒歩3分》

石田梅岩（1685～1744）の孫弟子にあたる井上宗甫（三木屋太兵衛）が、天明5年（1785）、心斎橋筋1丁目の自宅を開放して設立した私塾。

❻重建懐徳堂跡

【大阪府大阪市中央区本町橋】
《市営地下鉄「堺筋本町」駅1番出口より徒歩7分》

財団法人懐徳堂記念会が、大正5年（1916）に東区豊後町（現・中央区本町橋）に建てた学舎の跡。場所は、現在の大阪商工会議所。ここには「西町奉行所」の石碑が建っている。

❿西照寺・富永芳春・仲基の墓
【大阪市天王寺区下寺町２-２-45】
《市営地下鉄「四天王寺前夕陽ケ丘」駅より徒歩10分》

懐徳堂を創建した五同志の一人富永芳春（1684〜1739）と三男の仲基（1715〜1746）の墓所。

❾浄春寺・麻田剛立の墓
【大阪市天王寺区夕陽丘町】
《市営地下鉄「四天王寺前夕陽ケ丘」駅２番出口より徒歩４分》

麻田剛立（1734〜1799）の墓所。剛立は中井履軒と交遊があった。

⓫万福寺・三村崑山の墓
【大阪市天王寺区下寺町】
《市営地下鉄「谷町九丁目」駅より徒歩11分》

三村崑山（1762〜1825）の墓所。崑山は、江戸中期の大坂の儒者。早野橘隧・竹島簣山とともに中井履軒の高弟。

⓬隆専寺・早野仰斎・橘隧・思斎の墓
【大阪市天王寺区生玉前町５-４】
《市営地下鉄「谷町九丁目」駅３番出口より徒歩６分》

懐徳堂門人の早野仰斎（1746〜1790）・橘隧（1778〜1831）・思斎（1806〜没年未詳）の墓所。

⓭誓願寺・中井一族墓所
【大阪市中央区上本町西４丁目】
《近鉄大阪線「上本町」駅より徒歩６分》

懐徳堂の中井家の墓所。中井甃庵・竹山・履軒・蕉園・碩果・柚園・桐園・並河寒泉など関係者の墓約三十基が現存する。

⓮実相寺・五井蘭洲の墓
【大阪市天王寺区上本町４丁目】
《近鉄大阪線「上本町」駅より徒歩６分》

五井蘭洲の墓所。また、懐徳堂に縁の深い住友家の菩提寺でもある。

⓯梅松院・越智高洲・片山北海の墓
【大阪市天王寺区城南寺町】
《市営地下鉄「上本町」駅より徒歩８分》

中井履軒の門人越智高洲（1771〜1826）および混沌社を主宰する片山北海（1723〜1790）の墓所。

懐徳堂旧址碑《きゅうしひ》

旧懐徳堂の校舎跡に建てられた石碑。大正七年（一九一八）、重建懐徳堂の竣工を記念して、旧懐徳堂跡（現在の大阪市中央区今橋三丁目）に建てられた。西村天囚の撰文、中井木菟麻呂《つぐまろ》の揮毫《きごう》による。昭和三十七年（一九六二）、日本生命本店ビルの新築に伴い、同ビルの南側壁面に移された。碑文の向かって右側に、次のような由来が記されている。

この地は徳川時代の学校として名高い懐徳堂の跡である　享保十一年の開学から明治二年の閉鎖まで百四十年の間　大阪文教の中心であった　大正の初年に先儒の偉業を顕彰して記念会が設立されたので　当社も協賛してこの碑を建てた　撰文は記念会の創設者西村天囚先生　揮毫は懐徳堂第二代の学主中井甃庵先生の玄孫たる中井天生先生である

碑文は次の通り（原文は漢文）。

懐徳堂は一に大阪学問所と称す。享保十一年、甃庵中井先生、同志五人と官に請いて此に創建せるものなり。石庵・蘭洲・春楼・竹山・履軒・碩果・寒泉・桐園の諸先生相継いで学を講じ百四十余年を経たりしが、明治二年堂廃せられ鼓篋《こきょう》の迹《あと》を絶ちしこと四十余年なりき。大正五年士人胥《あい》謀《はか》り東横堀川の上《ほとり》に重建し、古を参じ今を酌《く》み弦誦《げんしょう》復興せり。是《ここ》に於て石を旧址に樹て後人をして矜式《きょうしょく》する所有らしむ。大隅西村時彦撰　浪華中井天生書　日本生命株式會社建

誓願寺正門

誓願寺《せいがんじ》

浄土宗知恩院の末寺。天正九年（一五八一）、無宅天牛によって建てられた。大坂夏の陣と太平洋戦争の際に全焼している。中井家の墓所であり、中井甃庵・竹山・履軒・蕉園・碩果・桐園、並河寒泉など、懐徳堂関係者の墓約三十基が現存する。また井原西鶴の墓があることでも有名である。懐徳堂記念会が主催する毎年春の「懐徳《かくとく》忌《き》」はこの誓願寺で行われる。現・大阪市中央区上本町西四丁目。

中井履軒墓

中井竹山墓

中井甃庵墓

参考文献

【一般的・入門的文献】

①湯浅邦弘・竹田健二共編著『懐徳堂アーカイブ 懐徳堂の歴史を読む』（大阪大学出版会、二〇〇五年）
②湯浅邦弘『墨の道 印の宇宙―懐徳堂の美と学問―』（大阪大学出版会、二〇〇八年）
③湯浅邦弘編『江戸時代の親孝行』（大阪大学出版会、二〇〇九年）
④竹田健二『市民大学の誕生―大坂学問所懐徳堂の再興―』（大阪大学出版会、二〇一〇年）
⑤岸田知子『漢学と洋学―伝統と新知識のはざまで―』（大阪大学出版会、二〇一〇年）
⑥奥平俊六編『懐徳堂ゆかりの絵画』（大阪大学出版会、二〇一二年）
⑦脇田修・岸田知子『懐徳堂とその人びと』（大阪大学出版会、一九九七年）
⑧懐徳堂友の会・懐徳堂記念会『懐徳堂―浪華の学問所―』（大阪大学出版会、一九九八年）
⑨宮川康子『富永仲基と懐徳堂』（ぺりかん社、一九九八年）
⑩宮川康子『自由学問都市大坂』（講談社選書メチエ、二〇〇二年）
⑪龍野市立歴史文化資料館『龍野と懐徳堂』（特別展「龍野と懐徳堂―学問交流と藩政―」図録、二〇〇〇年）

【懐徳堂関係研究書・資料】

①中井木菟麻呂『懐徳堂水哉館先哲遺事』
②西村天囚『懐徳堂考』
③懐徳堂記念会『懐徳』
④大阪大学文学部『懐徳堂文庫図書目録』
⑤大阪大学懐徳堂文庫復刊刊行会『懐徳堂文庫復刻叢書』
⑥懐徳堂記念会『懐徳堂の過去と現在』
⑦懐徳堂記念会『懐徳堂要覧』
⑧懐徳堂記念会『懐徳堂印存』
⑨大阪大学『懐徳堂の過去と現在』
⑩懐徳堂記念会『懐徳堂記念会の九十年』
⑪懐徳堂センター（現懐徳堂研究センター）『懐徳堂センター報』
⑫懐徳堂研究センター『懐徳堂研究』
⑬大阪市立博物館『懐徳堂―近世大阪の学校―』（第百三回特別展図録、一九八六年）
⑭末中哲夫『山片蟠桃の研究「夢之代」篇』（清文堂出版、一九七一年）
⑮加地伸行ほか『中井竹山・中井履軒』（明徳出版社、一九八〇年）
⑯テツオ・ナジタ著、子安宣邦訳『懐徳堂 十八世紀日本の「徳」の諸相』（岩波書店、一九九二年）
⑰陶徳民『懐徳堂朱子学の研究』（大阪大学出版会、一九九四年）
⑱湯浅邦弘編『懐徳堂研究』（汲古書院、二〇〇七年）
⑲懐徳堂記念会編『懐徳堂記念会百年誌1910～2010』（二〇一〇年）
⑳湯浅邦弘編『増補改訂版懐徳堂事典』（大阪大学出版会、二〇一六年）

【伝記・史料】

①原念斎『先哲叢談』
②角田九華『近世叢語』『続近世叢語』
③竹林貫一編『漢学者伝記集成』（名著刊行会）
④宮本又次『大阪文化史論』（文献出版、一九七九年）
⑤近藤春雄『日本漢文学大事典』（明治書院、一九八五年）
⑥三善貞司編『大阪史蹟辞典』（清文堂、一九八六年）
⑦三善貞司編『大阪人物辞典』（清文堂、二〇〇〇年）
⑧鎌田春雄『近畿墓跡考大阪の部』（大鐙閣、一九二二年）
⑨市古貞次監修『国書人名辞典』（岩波書店、一九九三～九九年）
⑩子安宣邦監修『日本思想史辞典』（ぺりかん社、二〇〇一年）
⑪関儀一郎・関義直『近世漢学者伝記著作大事典』（琳琅閣書店・井上書店、一九四三年）
⑫長澤規矩也『漢学者総覧』（汲古書院、一九七九年）
⑬日本随筆大成編集部『日本随筆大成』新装版第一期十四（吉川弘文館、一九九三年）

あとがき

江戸時代の懐徳堂が閉校したままであったなら、この図録も刊行されることはなかっただろう。明治時代の終わり頃、懐徳堂の復興運動が展開され、ついに大正五年（一九一六）、重建懐徳堂が竣工した。昭和二十年（一九四五）三月の大阪大空襲で木造の学舎が消失。しかし、鉄筋コンクリート造りの書庫棟に収蔵されていて戦火を免れた資料三万六千点が、戦後、大阪大学に寄贈され、「懐徳堂文庫」となる。講堂はなくなったが、貴重資料と懐徳堂精神とは戦後に継承されたのである。

その後、資料調査が進められ、昭和五十一年（一九七六）、『懐徳堂文庫図書目録』が刊行された。ようやくその概要が内外に知られるところとなり、本格的な研究が開始されるに至ったのである。大局的に見れば、本書もその延長線上に位置していると言える。多くの先学の研究成果の上に、この図録は執筆された。

また、本書は、「大阪大学総合学術博物館叢書」の一冊として刊行された。企画をお認めいただいた大阪大学総合学術博物館に、まずは厚く御礼申し上げたい。本書を通して、懐徳堂の「知」と「美」の世界が多くの読者に伝われば幸いである。

なお、本書の解説文は、『懐徳堂事典』（湯浅邦弘編著、大阪大学出版会）初版・増補改訂版の記述に基づくところが多い。その意味で本書は、『懐徳堂事典』執筆者との共著であるとも言える。また、佐野大介氏には、デジタル画像の整理にご協力をいただいた。

江戸時代の懐徳堂が開学してから、やがて三百年となる。そのとき、懐徳堂研究をとりまく環境はどのように変化しているであろうか。いつの日か、また新たな図録が刊行され、懐徳堂の次の歴史が刻まれ行くことを期待したい。

湯浅邦弘

著者紹介

湯浅　邦弘（ゆあさ　くにひろ）

1957年、島根県出雲市生まれ。大阪大学大学院文学研究科教授。博士（文学）。専攻は中国思想史。

懐徳堂に関する著書に、『懐徳堂事典』（編著、大阪大学出版会）、『懐徳堂研究』（編著、汲古書院）、『墨の道　印の宇宙―懐徳堂の美と学問―』（大阪大学出版会）、『江戸時代の親孝行』（編著、大阪大学出版会）、『懐徳堂アーカイブ　懐徳堂の歴史を読む』（編著、大阪大学出版会）。

その他著書として、『論語』『菜根譚』『諸子百家』（以上、中公新書）、『孫子・三十六計』『菜根譚』（以上、角川ソフィア文庫）、『孫子の兵法入門』（角川選書）、『故事成語の誕生と変容』（角川叢書）、『入門老荘思想』『軍国日本と『孫子』』（以上、ちくま新書）など多数。

大阪大学総合学術博物館叢書　13

懐徳堂の至宝――大阪の「美」と「学問」をたどる――

2016年10月22日　初版第1刷発行　［検印廃止］

著　者　湯浅邦弘

発行所　大阪大学出版会
代表者　三成賢次

〒565-0871 大阪府吹田市山田丘2-7
大阪大学ウエストフロント
電話　06-6877-1614
FAX　06-6877-1617
URL : http://www.osaka-up.or.jp

印刷所：亜細亜印刷株式会社

ISBN 978-4-87259-523-9　C1321

大阪大学総合学術博物館叢書について

大阪大学総合学術博物館は、二〇〇二年に設立されました。設置目的のひとつに、学内各部局に収集・保管されている標本資料類の一元的な保管整理と、その再活用が挙げられています。本叢書は、その目的にそって、データベース化や整理、再活用をすすめた学内標本資料類の公開と、それに基づく学内外の研究者の研究成果の公表のために刊行するものです。
本叢書の出版が、阪大所蔵資料の学術的価値の向上に寄与することを願っています。

大阪大学総合学術博物館

大阪大学総合学術博物館叢書・既刊

◆1 扇のなかの中世都市―光円寺所蔵「月次風俗図扇面流し屏風」 泉 万里

◆2 武家屋敷の春と秋―萬徳寺所蔵「武家邸内図屏風」 泉 万里

◆3 城下町大坂―絵図・地図からみた武士の姿― 鳴海邦匡・大澤研一・小林茂 編集

◆4 映画「大大阪観光」の世界―昭和12年のモダン都市― 橋爪節也

◆5 巨大絶滅動物 マチカネワニ化石 恐竜時代を生き延びた日本のワニたち 小林快次・江口太郎

◆6 東洋のマンチェスターから「大大阪」へ 経済でたどる近代大阪のあゆみ 阿部武司・沢井 実

◆7 森野旧薬園と松山本草―薬草のタイムカプセル 髙橋京子・森野燾子

◆8 ものづくり上方〝酒〟ばなし―先駆・革新の系譜と大阪高等工業学校醸造科― 松永和浩

◆9 戦後大阪のアヴァンギャルド芸術―焼け跡から万博前夜まで― 橋爪節也・加藤瑞穂

◆10 野中古墳と「倭の五王」の時代 高橋照彦・中久保辰夫

◆11 漢方今昔物語―生薬国産化のキーテクノロジー― 髙橋京子・小山鐵夫

◆12 待兼山少年―大学と地域をアートでつなぐ〈記憶〉の実験室― 橋爪節也・横田洋